世界十大科学家丛书

孟宪明 主编

莱特兄弟传

岳 梁 席富群 编著

河南文艺出版社
·郑州·

图书在版编目（CIP）数据

莱特兄弟传/岳梁,席富群编著. —郑州:河南文艺出版社,2016.8(2020.7重印)
（世界十大科学家丛书/孟宪明主编）
ISBN 978-7-5559-0399-4

Ⅰ.①莱…　Ⅱ.①岳…②席…　Ⅲ.①莱特,W.(1867—1912)-传记②莱特,O.(1871—1948)-传记
Ⅳ.①K837.126.16

中国版本图书馆 CIP 数据核字（2016）第 160045 号

出版发行　河南文艺出版社
本社地址　郑州市郑东新区祥盛街 27 号 C 座 5 楼
邮政编码　450018
承印单位　河南瑞之光印刷股份有限公司
经销单位　新华书店
纸张规格　890 毫米×1240 毫米　1/32
印　　张　7
字　　数　123 000
版　　次　2016 年 8 月第 1 版
印　　次　2020 年 7 月第 3 次印刷
定　　价　23.00 元

科学的呼唤

卫星遨游太空，飞船探测火星，光电通信，电脑联网，信息高速公路……当今世界，对科学的呼唤和追求比以往任何时代都显得重要和紧迫。

在我们这个有着五千年历史的文明古国，在以文取士、以诗显名的文化传统里，我们不缺少"床前明月光"和"春眠不觉晓"的优美意境，也不缺少"大江东去"的豪迈和"小桥流水"的幽静，我们所缺少的，恰恰是一种对科学生死挚爱和舍命追求的精神。传统和意识可以改变，但改变需要努力，需要全民意识的觉醒。因此，党中央才把学科学、用科学定为我们的基本国策，甚至不惜动员学部委员为大众撰写科普读物，并一再要求在学生的教科书中不断增加科学内容的比重。

我们这套丛书，为牛顿、爱因斯坦、居里夫人、伽利略、爱迪生、达尔文、诺贝尔、哥白尼、法拉第、莱特兄弟等世界著名科学家作传，既具体介绍他们彪炳千古的科学贡献，也形象叙述他们发明、发现活动的完成过程。 我们不奢望孩子们现在就学会这些知识，如果他们能通过这套丛书了解并热爱这些科学家，我们也就感到由衷的满足了，因为热爱是最好的老师。

未来是属于孩子们的。

未来的大科学家就在你们中间。

主编　孟宪明

2016 年 6 月

目录

一

父亲远离家乡、工作繁忙，全家频繁的移居影响了莱特兄弟的学业。莱特兄弟总是在一起，他俩从小的爱好就是摆弄机械。

人们说，这是来自他们祖父的遗传。

二

天空中飞翔的风筝，激起了兄弟俩的兴趣，他们立志要学习富兰克林，决心插翅在蓝天上自由飞翔！但是，他们的两位兄长却说：

"人怎么能飞上天呢？简直是梦想！"

三

母亲循循善诱，先画图，再制造，使莱特兄弟取得比赛第一名。受纸蝴蝶会飞的启示，兄弟俩决心造大鸟，要载人飞向天空。

四

好奇心，恶作剧，制造风筝妖怪，吓坏了里奇蒙特镇的居民，父亲严厉制止了这种行为，莱特兄弟幼小的心灵受到重大洗礼。

五

爱好体育，喜欢运动，训练场上威尔伯严重受伤；光阴并未荒废，一个重要的转折点——病床上威尔伯读书如饥似渴。

六

父亲说："嗬，这真方便。你们俩是参考什么做出来的呢?"奥维尔大声说："没有什么样本，是我和哥哥在脑袋里想出来的机器，所以我们特别高兴。"人们赞誉兄弟俩"不简单""了不起"。莱特兄弟从此走上发明路。

七

慈母患病，忙坏了莱特兄弟；母亲病逝时，对两兄弟说："一切要以服务民众为第一要义，待人要诚挚，兄弟要永远和睦，相亲相爱!"兄弟俩永记母亲的教诲。

八

李林达尔滑翔机的启示，使莱特兄弟的志向指向蓝天，诸多挫折并未动摇他们的理想。威尔伯说："老鹰在空中展开翅膀，平衡掌握得很好。好好观察它飞行的姿势，然后再制造一架滑翔机!"

九

发明之路多坎坷，苦中有乐。有志者事竟成，第三号载人滑翔机试飞成功，它可以自由地在天空中飞行和停止。

十

1903 年 12 月 17 日，难忘的一天，由莱特兄弟制造的世界上最先装有汽油动力发动机和螺旋桨的飞机首次飞上天空。但这一壮举的历史意义在很长一段时间以后，人们才真正意识到。

十一

发明无止境，再接再厉。塔夫脱总统幽默地赞誉说："机身上下连一点破损都没有，两位却打破了世界纪录！这不只是你们的光荣，也是美国的光荣！"

十二

莱特兄弟载誉回归故乡，受到迪顿镇众乡亲的热烈欢迎，人们赞誉说："真了不起！莱特兄弟，你们是迪顿镇的骄傲！"

十三

威尔伯的病逝使奥维尔产生了终止研制飞机的想法，第一次世界大战则使这种想法变成了现实。在一个寒冷的日子里，奥维尔在自己出生的地方合上了眼睛。

一

父亲远离家乡、工作繁忙，全家频繁的
移居影响了莱特兄弟的学业。莱特兄弟总是
在一起，他俩从小的爱好就是摆弄机械。
人们说，这是来自他们祖父的遗传。

1. 相亲相爱、 和乐融融的莱特一家

美国建国前的历史是一部移民史、 一部开发史。 早在
1620 年， 欧洲就开始向北美洲大陆移民， 从此之后， 一批
一批的欧洲人大量地涌入这块未开发的地方。 有些是商人，
有些是犯人， 有些是冒险家， 有些是传教的……这些人不仅
要排除各种险阻从事开垦， 和大自然做顽强的斗争， 而且还
得和土著的印第安人周旋。 经过这些移民 100 多年的辛勤劳
动、 经营， 这块土地终于被开发出来。 在长期的共同劳动
中， 一个新的民族——美利坚民族形成了。 但是， 他们的
一切劳动成果却被英国殖民统治者所窃取。 这种行为， 当然
激起不畏艰险而努力劳作的开垦者的极大不满， 要为自由和

独立而斗争。 在华盛顿的领导下， 这些开垦者不怕失败，
奋力抗争， 在无数次血与火的洗礼之后， 美利坚民族终于站
了起来。 1776 年 7 月 4 日签署的《独立宣言》 宣告了美利坚
合众国的成立，英国不得不于 1783 年承认美利坚合众国独
立， 从此 7 月 4 日就成为美国建国纪念日。

　　莱特兄弟的祖父， 汤玛斯·莱特怀着美好的愿望， 于
1805 年移民到仍在向西部继续开垦的、 新兴的美利坚合众
国。 他移民到美国后， 先居住在印第安纳州的新堡乡村，
后来多次移居。

　　在美国俄亥俄州迪顿镇的一条叫荷松的街道上， 居住着
教会牧师莱特一家。 迪顿镇不太大， 但是风景却很秀丽：
有水， 有树木， 有草地牧场， 有小孩玩耍、 放风筝的地
方。 莱特兄弟非常喜欢自己的家乡。 莱特全家共有七口人，
除父亲、 母亲外， 还有五个孩子： 老大叫路易·莱特， 老
二叫罗林·莱特， 老三叫威尔伯·莱特， 老四叫奥维尔·莱
特， 老五是女孩叫凯特·莱特。 五个孩子当中， 年长的两
位哥哥路易和罗林， 在外地学习和工作， 和家里人不住在一
起， 所以家里只剩下三个孩子， 二男一女。 这两个男孩，
威尔伯·莱特、 奥维尔·莱特， 就是后来震惊全世界的、
著名的飞机发明家——莱特兄弟。

　　1867 年 4 月 16 日， 在一个春光明媚、 风和日丽的日
子， 几声啼哭， 一个婴儿在印第安纳州米尔维尔镇的米尔

顿·莱特家里降生了。 小男孩的顺利降生， 给全家人带来了和乐的气氛， 这可乐坏了父母。

父亲高兴地说："真的， 我很高兴。 看这小家伙的样子， 挺英俊， 很逗人喜欢， 或许将来能有所作为， 干出点名堂来！"

听了父亲的话， 母亲也兴奋地说："是呀， 这个小家伙真的很逗人喜欢。 可是给他起个什么样的名字好呢？"

"那就叫他威尔伯吧！"

就这样， 威尔伯这个名字被确定下来。 威尔伯在父母的爱抚下， 茁壮地成长着。

时间过得很快， 转眼间四年过去了， 莱特一家从印第安纳州的米尔维尔镇搬到了俄亥俄州的迪顿镇， 这时， 威尔伯已经四岁， 很像个男子汉了。 1871 年 8 月 19 日， 一个炎热的日子， 一个婴儿在迪顿镇米尔顿·莱特家里降生了。 接生员报告说， 这个胖乎乎的婴儿是个小子。 父母给这个小男孩起了个很响亮很顺口的名字——奥维尔。

父亲米尔顿·莱特正直、 诚实、 和蔼、 平易近人、 学识广博， 总是离家到不同的城市、 乡村巡回传教， 深受人们的尊敬。 母亲凯塞琳勤劳、 精明强干， 守在家里， 细心地照料和教育着孩子们， 镇里人都称道她的贤惠和能干。 三个孩子聪明、 懂事， 独立性很强， 一块儿玩得很开心， 即使两个大哥哥回来， 他们也能和睦相处。 1875 年， 在一个临近国庆节的日子， 爸爸回来了。 饭后， 像往常一样， 全家人坐在客厅里聊天， 满屋子充满了欢笑。 爸爸和妈妈还趁此机会， 给孩子们讲述美国的独立战争， 讲述华盛顿、 杰弗逊、 富兰克林等伟人的故事。

莱特一家， 尽管经济上不太宽裕， 但这一家人和睦相处， 相亲相爱， 生活得很充实、 很幸福。

2. 从事圣职工作的父亲

莱特兄弟的祖父汤玛斯·莱特是 1805 年才移民到美国来的， 没有什么根基， 可以说是白手起家。 莱特兄弟的父母结婚不久， 祖父就离开了人间。 莱特兄弟的父亲米尔顿是在艰难的环境中维持这个家庭的生计的。

米尔顿·莱特从小就怀有服务民众的志向， 就读于神学院后， 为实现自己的理想， 他刻苦学习， 严格要求自己。他视野广阔， 善于接受新知识， 笃信科学， 从而使自己学识渊博。 米尔顿从学校毕业后， 选定了教会工作， 担任了牧师。 他不仅要在附近巡回传教， 而且还要根据教会的需要和安排， 经常到很远的城市和乡村去巡回传教。 这种工作不仅使自己很辛苦， 而且地点不定、 时间不定， 几乎不能过问家里的事， 有时甚至几个月不进家门。 这样， 家务管理、 教育子女的重担几乎全部落到妻子凯塞琳的肩上。 尽管妻子任劳任怨， 但米尔顿心里很是过意不去， 经常对妻子抱歉地说:"你辛苦了!" 他们多次移居， 漂泊不定的生活迫使莱特兄弟辍学了， 兄弟俩只接受过中等教育， 特别是威尔伯， 只接受过四年中等教育。 为此， 米尔顿非常难过。 莱特兄弟二人得以成才， 完全是靠聪明好学， 不怕吃苦， 勇于实践。

后来， 米尔顿升任为主教， 经济状况也大为改观， 终于能拖家带口在一块儿居住， 享受合家欢乐。 这时， 米尔顿才于心稍安， 认为多少尽到了一点做丈夫和父亲的责任。

米尔顿·莱特善于观察小孩， 总是根据不同孩子的爱好加以不同的启发和鼓励。 他从来不训斥孩子， 也不把自己的意愿强加于孩子， 即使是孩子错了， 也要耐心地给孩子讲理， 直到孩子弄明白为止。 在父亲循循善诱的教导下， 莱特兄弟很有个性， 极大地发挥了自己的爱好和兴趣。

米尔顿经常对妻子说: "威尔伯和奥维尔兄弟俩虽然顽皮， 但他们对机械的兴趣， 以及富于幻想的天性， 不必加以抑制， 任由他们去发展， 也许会有成就， 即使没有什么大的成就， 至少也没有害处。"

米尔顿还经常以远大理想、 服务民众的道理来教育自己的子女。 尽管他的工作使他和孩子们相处的时间短、 机会少， 但只要他有时间和机会， 总是以杰出人物的事迹， 如瓦特、 富尔敦、 斯蒂芬孙、 富兰克林等， 来教育、 启发自己的孩子。 这些得体的教育和启发， 使莱特兄弟从小就树立了用创造发明服务于人类的远大理想。 不仅如此， 米尔顿还以自己的行动教育莱特兄弟要走正道， 教育他们什么是正义， 什么是丑恶， 人应当多办好事， 对莱特兄弟起了潜移默化的作用。

3. 慈祥和蔼、 勤俭持家的母亲

莱特兄弟不仅有一个好爸爸， 还有一位慈祥和蔼、 善于因势利导的母亲， 正是在母亲经常不失时机、 恰如其分的启发诱导下， 莱特兄弟才走上了发明之路， 并最终使自己的发明震惊了世界， 改变了人类生活。

母亲凯塞琳， 中等个头， 由于家务繁重， 稍显瘦弱， 但很精神。 她衣着朴素， 大方自然。 她有学识， 有主见， 教育子女很有自己一套办法。 她同左邻右舍的关系处理得很好， 从而得到迪顿镇乡亲们的好评。

由于丈夫米尔顿从事圣职工作， 经常在外传教， 有时甚至一去几个月也不回家， 所以家里的一切事务都由凯塞琳一人操持。 她不仅要搞好家里的吃穿， 而且还要教育子女。 她善于操持家务， 把家务安排得井井有条， 把每一分钱都花在正当的用途上。 这一好习惯对莱特兄弟一生影响很大， 使莱特兄弟一生艰苦朴素， 甚至到后来办了公司， 拥有很多钱财，还和从前一样，衣着朴素，工作努力。凯塞琳不尚空谈，是一位实干家，她也总是鼓励孩子们要自己动手，不要事事都依赖大人。母亲的这种作风，也对莱特兄弟产生了很大影响，使莱特兄弟一切都由具体事情做起，自己尝试，不空谈，重实践，脚踏实地干自己想干的工作。

由于孩子多，丈夫又经常出门在外，家里又没有帮手，凯塞琳必须教会孩子们和睦相处，互相帮助。在这方面，凯塞琳确实很有能耐，她善于教育子女怎样才能和睦相处。当路易和罗林在家时，她总是说："要好好地照顾弟弟和妹妹，你们年龄大，要多帮助他们，要让着他们点，不要欺负他们。大哥要做出榜样，要像哥哥的样子。"所以，当大哥哥和弟弟妹妹开玩笑时，也是很友善的。当家里只有威尔伯、奥维尔和凯特的时候，她总是想尽办法抽出时间和他们一块儿玩，教育他们如何才能互相帮助和照顾，说："威尔伯，你是大哥，要照顾好弟弟和妹妹。你带弟弟和妹妹出去玩吧，但要注意弟弟妹妹的安全。"她还要求他们要搞好邻里关系，多帮助大人，尊敬老人，爱护幼小，对人要有礼貌。莱特兄弟俩能始终和睦相处，并与邻里关系很友善，这些都与母亲的教育很有关系。

母亲凯塞琳教育子女的最成功之处是因材施教和启发。她总是和孩子们在一起，对孩子的特点、优点和缺点，兴趣和爱好，都很清楚，能够根据不同孩子的兴趣和特长给以恰当的指导和鼓励。

她也总是和丈夫说："这两个小家伙一有空闲就摆弄机械什么的，说不定能搞出点什么名堂来呢！"

威尔伯和奥维尔喜欢摆弄玩具和机械，喜欢到野地里去玩和观察，她就鼓励他们在这方面多发展，鼓励他们放风筝，帮助他们画图纸、做雪橇等。她对两个男孩不仅充满了爱，而且充满了信心，她和丈夫有相同的看法，即应该顺着他们的兴趣去发展，不要太限制他们了。当然，她也为由于经常搬家，而使两个孩子的学业受到影响而难过。

一天，凯塞琳央求似的对丈夫说："我想起了一件事情，希望你能答应！"

"什么事？"米尔顿奇怪地问，心里暗自嘀咕："这是怎么了，她是那么认真？"

"能否把你心爱的木工工具让给这两个孩子用呢？"凯塞琳终于说出了自己的想法。

"哦，你是说那些斧、锤、钳、刀一类的工具吗？这个……"米尔顿犹豫着说。

米尔顿也一向喜欢自己动手做些简便的木制家具什么的。他把自己的这套工具当作宝贝，一直珍藏着，不会轻易让别人去动它。这些，凯塞琳很清楚，要不就不会和丈夫认真地商量了。她看着丈夫犹豫不决的样子，自己也很为难。但是，她从两个孩子的发展着想，就更进一步坚决地说：

"两个孩子已经不小了，他们已经懂事了，有自己特殊的而且是强烈的兴趣和爱好。不仅如此，他们还很踏实，重视自己做，去摸索。我想，只要好好地教导他们，他们一定会正确使用这些工具的。"

说到这里，凯塞琳停顿下来，看着丈夫，又加重了语气继续说道："有时候，我看着他们因为工具不好、不齐备而愁眉苦脸的样子，心里实在难过，很同情他们。你就答应把这些工具给他们吧！"

"好吧！就按你的意思去办。"

米尔顿终于答应了妻子的请求。

母亲凯塞琳就是这样支持和鼓励着莱特兄弟俩的兴趣和爱好，让这些兴趣和爱好最大限度地去发展，并最终促成一项伟大事业的产生。

像众多的孩子一样，母亲的影响总是巨大的，而莱特兄弟受母亲的影响更深刻。可以说，莱特兄弟正是在慈祥、和蔼、聪明、能干的母亲的培育下，才成为伟大的发明家的。莱特兄弟始终保持着母亲的优良习惯和作风。

4. 和睦相处，总是在一起的莱特兄弟

威尔伯出生于 1867 年，奥维尔出生于 1871 年，老幺女孩凯特于 1874 年出生，由于二位兄长不在家，父亲经常在

外传教，母亲有繁重的家务，所以这三个兄妹不仅经常在一起，而且很和睦团结，能玩到一起，特别是威尔伯能够很好地照顾弟弟和妹妹。

无论是在家里，还是在机械旁，或是在野外，威尔伯都能照顾好弟弟和妹妹。

一天，威尔伯带着弟弟和妹妹又到野外去玩，他们玩得很开心。威尔伯和奥维尔看到天空中的飞鸟能自由地飞翔，很是羡慕，不禁产生了飞行的憧憬，而且不由自主地跟着飞鸟在地上飞快地跑了起来。

当他们正在尽情地跟着飞鸟飞奔的时候，威尔伯突然想起了小妹妹，赶忙向奥维尔问道："凯特呢？"

奥维尔由于年纪小，跑得慢，和他拉开了一段很长的距离，根本没有听到他的问话，还在向他飞快跑来，这可使威尔伯惊慌了，他赶快往回跑，并对跑过来的奥维尔说："咱们赶快去找凯特！"

两兄弟跑过两个小土包，看见凯特一个人远远地站在一棵大树前面，兄弟俩加快了脚步。还是威尔伯先跑到凯特跟前，他发现，凯特由于想追上两位哥哥，跑掉了一只鞋，光着一只脚站在那里哭。

威尔伯赶快抱起妹妹，并抱歉地说："凯特，对不起，哥哥忘了。以后不会发生这样的事情了。"

威尔伯和奥维尔一起找到了凯特丢失的鞋子。为了安慰凯特，威尔伯背着妹妹走回了家。

回到家里，威尔伯很坦诚地向妈妈认了错。妈妈看到已经长大了的威尔伯很有责任心，会心地笑了。

一次，妈妈外出不在家，威尔伯和奥维尔兄弟俩在客厅里玩，把各种玩具和工具，以及收集到的杂物都摆了出来。妈妈回家一推门，看到满地都是玩具、工具、机械零件，客厅被弄得乱糟糟的。尤其是当她看到兄弟俩满身油污，甚至脸上也被弄得到处都是油污的时候，她半是吓唬、半是安慰地板着脸说："这到底是谁弄的？赶快给我收拾干净。"

兄弟俩听了妈妈的话，看着妈妈严肃的样子，以为这一次妈妈是真的生气了。

"是我弄的。"威尔伯首先向妈妈认错。

"是我弄的。"奥维尔也把错误揽在自己身上。

看着兄弟俩诚实的样子，妈妈缓和了口气说："犯了错误，不推卸责任，勇于认错，这是好事。当然，你们兄弟俩这样玩是没有错的，我是支持的，应该发挥自己的兴趣和爱好，这样才能最终弄出点名堂来。但你们不能弄得这样乱，你们看，到处是油污、铁丝、螺丝钉、工具，尤其是在客厅里，这样很不好，以后玩这些东西，应该在后院，或者在仓库里。"

兄弟俩看到母亲并未生气，于是高兴地说："我们以后一定注意，不给你添麻烦。"

5. 莱特兄弟最大的喜好——摆弄机械

莱特兄弟摆弄机械的兴趣和才能，很早就被父亲米尔顿和母亲凯塞琳发现了。人们说，莱特兄弟的这些兴趣和才能来自他们祖父的遗传。

莱特兄弟的祖父汤玛斯·莱特，是美国独立以后移民到美国的。他勤奋好学，是白手起家的。汤玛斯很有心计，并且心细，手工精巧，尤其擅长制作木工家具。那些由汤玛斯·莱特制造的载货车，不仅美观，而且坚固耐用。人们称赞这种载货车，汤玛斯也因此而声名远扬。

莱特兄弟的父亲米尔顿·莱特，小时候也很喜欢木器制作。他拥有一套齐全的木器制作工具，并且很珍惜，即使在后来他从事传教工作不在家时，也把这套工具保存得很好，似乎它标志着辉煌，保存着它，就能保留过去的美好记忆。后来，在母亲凯塞琳的一再要求下，他才把这套工具恋恋不舍地交给了莱特兄弟。

莱特家的后院有两间仓库式的储藏室，这个地方就成了兄弟俩的活动场所。兄弟俩也拥有自己小小的工具箱。放学后，或者一有空闲，他们俩就会跑到这个地方，干自己喜欢干的事。

这两个小兄弟，从小就喜欢拆拆装装，摆摆弄弄，他们深深地体会到了摆弄机械的快乐。 例如， 一些很旧的、过时的闹钟、 磅秤等等， 兄弟俩对它们都很感兴趣。 母亲凯塞琳当然很了解这一点， 尽管在忙的时候， 也会警告地说， 要把那堆破铜烂铁扔到垃圾桶里去， 但实际上， 她是绝对不会这样做的。 有时， 妈妈还启发他们如何摆积木、垒房屋等建筑物， 有意识地培养他们在这些方面的兴趣和能力。

距莱特家不很远的地方住着卡莫基叔叔一家人。 卡莫基先生专门从事为人修理各种机械的工作， 店里堆满了各式各样的机械。 卡莫基先生不仅手艺高超， 勤劳能干， 而且很友好， 很喜欢小孩， 尤其是对那些对机械很有兴趣的小孩有特殊的优厚待遇——让他们可以自由地在机器旁观看、 玩耍， 并且还为他们解答各种疑问。 莱特兄弟经常到这里玩，并和卡莫基先生交上了朋友。 卡莫基先生也特别喜欢莱特兄弟， 并且认真地、 仔细地回答爱提问的莱特兄弟的各种疑问。

"喂， 喂， 不许乱动手啊， 碰伤了怎么办？"

卡莫基先生总是这样友好地提醒莱特兄弟， 同时告诉他们， 这台机械是干什么的， 那台机械是干什么的， 以及如何操作， 甚至还给两兄弟当场示范如何操作， 还用木材在机器上制作各种各样的东西， 并且把有些成品送给莱特兄弟作玩具。 有时， 卡莫基叔叔还很有兴趣地手把手地在真的机器上教他们操作机器的程序。卡莫基先生称赞和鼓励莱特兄弟的兴趣，为此，当莱特兄弟去卡莫基先生家玩的时候，总是忘记回家，常常是在卡莫基先生提醒"小兄弟，该回家了，要不妈妈会担心的"后，他们才恋恋不舍地离开卡莫基先生的家。

一天，妈妈让奥维尔去买点糖，奥维尔接过了钱，转身就出了门，可一出门就遇见了好友爱德。爱德兴高采烈地问奥维尔："听说卡莫基先生家刚进了一台很有趣的新机器，我想去看个究竟。你去吗？"

"好吧，我也去。"奥维尔一听说新机器很感兴趣。当然，他把买糖的事忘得一干二净。

两个小伙伴迅速地跑到了卡莫基先生的店门口，喊了声"卡莫基叔叔您好"后，就往经常放置机械的屋子里跑去。

卡莫基先生高兴地说："你们自己去仔细地看吧，有不懂的地方再来问我，注意不要把衣服弄脏弄破。"

"好的，您忙您的吧，我们自己去看。"

两个小伙伴边跑边说，话还没说完，就已经跑到了机器旁边。两个小家伙，这儿看看，那儿摸摸，流连忘返，还在卡莫基先生的身边看他修理机器的程序和动作。一晃就过了中午，要不是卡莫基先生提醒，两个小伙伴是不会回家的。在回家的路上，奥维尔才想起妈妈让买糖的事，可这时早已过了中午吃饭的时间了，他赶快买了糖往家跑，心想，这回可糟了，耽误了用糖，肯定挨训。但母亲并没有责备，只是要求他把事情经过说清楚。

在1877年国庆节的前一天，父亲米尔顿从外地特意回家过节日，可就是找不到威尔伯。母亲派罗林和奥维尔分头出去找，还是找不到。这使母亲很担心，父亲则说："明天是国庆节，让他尽情地去玩吧，别担心，他已经长这么大了，不会有什么事的。"

天已经黑了，威尔伯兴高采烈地回来了。一看见父亲回来了，自知理亏，只说了声"爸爸，您回来了"，就乖乖地站到旁边听候发落，但米尔顿却温和地对威尔伯说："你干什么去了，这么晚了才回来？"

看到父亲很和蔼，没有严厉责备的意思，威尔伯就放心地坦白说："安娜姊姊家有一台缝纫机，听说坏了，在用的时候，总是咯咯地响，她自己却不知道什么原因。我答应去替她看一下能不能修理。刚好，今天有时间，所以我就去了。"

听了威尔伯的叙述，米尔顿关切地问道："修好了没有？"

"我观察了很长时间，没发现有什么大毛病，只是有些地方由于用的时间长生了锈，运转不顺畅。于是，我就在生锈的地方涂上油。这样做了以后，烦人的咯咯的响声就没有了。"

米尔顿高兴地赞扬说："哦，你真了不起。你把缝纫机发出咯咯声响的原因找出来了。"

6. 数学家——威尔伯，发明家——奥维尔

和同龄小孩相比，威尔伯个头比较高，但略显消瘦。他对衣着不很讲究，总是穿着工作服似的那种套服，这种习惯一直保持到他去世。他从不认为穿这样的衣服会被人看不起，或显得比别人差，寒酸。相反，他认为这样心里很舒服，并且干起自己想干的事情来，比较方便。

和同龄小孩相比，奥维尔的个头比较低，也略显胖些，鼻子和威尔伯的一模一样，眼球一转，更显得聪颖可爱，思维敏捷。奥维尔和威尔伯相比，显得健壮和活泼。和威尔伯哥哥一样，奥维尔衣着也不很讲究，这种艰苦朴素的习惯也一直保持到他离开人间。

威尔伯排行老三，从小就很有主见，独立生活能力很强。他从小就很懂事，很理解父母，从不给父母添麻烦，经常主动帮助妈妈干家务活，以减轻妈妈的负担。他少年老成，处事稳重，或许这是特殊家庭，以及他的特殊地位造成的吧！他排行老三，但大哥二哥都不在家，这种情况使他充当老大的角色，照顾弟弟、妹妹。即使由于多次搬家影响了他的学业，后来又因受伤而辍学，他虽然很惋惜，

但绝对没有怨言。 也或许由于上学不成， 他才把精神和注意力都放在新奇的事物上了。 这真是塞翁失马， 焉知非福。威尔伯干自己想干的事， 只要认准了， 就要想方设法干到底， 从不管别人怎么说。

奥维尔比威尔伯小四岁， 经常得到哥哥的照顾和保护。他很钦佩哥哥的知识、 思考能力和记忆能力。 和威尔伯相比， 奥维尔更加敢想敢干， 他善于幻想， 善于动脑筋。 他总是不停地提问题， 喜欢打破砂锅问到底， 他的问题好像永远提不完。

奥维尔总想："人也能像鸟一样在天空中飞行吗？""人要是能在天空中飞行那该多好！""人要插上翅膀就能飞上天空！"

为此， 奥维尔得到了"发明家" 的称誉。 当然， 奥维尔也像威尔伯哥哥一样， 有恒心、 有志气， 想干的事情，只要认准了， 一定要干到底， 而且他的行动比哥哥更迅速。

威尔伯沉默少言， 重实践， 多思考， 从小养成了善于按事物发展的规律去思考的好习惯。 他记忆力强， 思维严密， 逻辑性强， 并因此得到"数学家" 的称誉。 威尔伯认为任何东西都有它自己的道理， 任何事情的发生都是有原因的。 每遇见一件事， 他总是要先观察， 然后寻找出它的原因， 但当他还拿不准的时候， 就很少发表意见。 他形成了一套观察问题、 处理问题的方法， 并以此引导、 启发弟弟的思维和想法。 在思维上， 他虽然没有奥维尔那样活跃，但他从小也是富于幻想的。 对于这一点， 妈妈最清楚。

妈妈认为虽然兄弟俩的想法有时近乎荒谬， 不过也有他们的道理。 像牛顿发现万有引力， 瓦特发明蒸汽机， 伽利略发明望远镜、 温度计， 以及富兰克林发现电导体， 等等， 都不是先有构思， 然后才出现发现、 发明的。 为此，妈妈还经常和爸爸谈论这个问题。 父母有共同的看法， 那就是对这种富于幻想的天性， 不必加以抑制， 任由他们自己去发展。 妈妈最了解莱特兄弟， 她认为威尔伯思维细密， 并且手艺精巧， 而奥维尔一向聪颖敏捷， 善于观察。

一天， 妈妈郑重地对爸爸说："威尔伯是个数学家， 奥维尔却是个发明家。 不能小看他们， 只要他们两人各自发挥特长， 互相帮助， 密切合作， 总会搞出点什么来的。"

父亲米尔顿对这一点也深信不疑。

二

天空中飞翔的风筝，激起了兄弟俩的兴趣，他们立志要学习富兰克林，决心插翅在蓝天上自由飞翔！但是，他们的两位兄长却说："人怎么能飞上天呢？简直是梦想！"

1. 放风筝

春天来了，万物复苏，百鸟鸣叫，迪顿镇的野外非常热闹，人们都很喜欢放风筝，尤其是孩子们兴趣更浓，更热烈。放风筝已经成为当地的一种习俗，成为人们生活中不可缺少的一部分。

当时，人们放的风筝不像现在的风筝那么高级和复杂，都比较简单，容易制作。当时的风筝都是以竹篾做骨架的，骨架的大小和形状都有较大的差别。做好骨架后，再糊上各种颜色的彩纸，从而做成各式各样、不同颜色的风筝。风筝样式很多，蜻蜓形、蝴蝶形为流行样式。

在一个星期天的早晨，威尔伯刚起床，奥维尔就拉着他的手恳求着说:"我们去放风筝好不好？ 我们也来学习富兰克林。"

"富兰克林," 这是不久前威尔伯在饭后对妈妈说的,"他就是那位放风筝, 由此证明电不是妖怪的人。" 奥维尔记住了, 所以今天才这么对哥哥说的。 他也想学习富兰克林,放风筝搞试验。

富兰克林是美国的政治家、 科学家, 生于 1706 年,1790 年逝世。 他研究大气中的电现象, 认为电不是妖怪,是一种物质, 是一种自然现象, 在这方面他曾做出较大的贡献。 他还发明了避雷针, 以避免电对人、 动物, 以及建筑物的伤害。 在中国流传着古老的龙抓人的故事, 电把人作为导体打死了, 人们认为这是坏人被龙抓了。

威尔伯看着奥维尔, 解释说:"今天放风筝可以, 可是却无法像富兰克林那样做闪电试验, 因为今天的天气晴朗,不会打雷。"

听了哥哥的话, 奥维尔很失望地说:"这件事, 我想了很久了, 就是没有机会。"

威尔伯接过弟弟的话茬安慰道:"没关系, 不要失望,虽然不能做闪电试验, 就是只放风筝, 也很有趣, 我陪你去玩, 怎么样？"

"那太好了, 谢谢你, 我的好哥哥。" 奥维尔激动地说, 话还没说完, 就立刻转身到仓库里拿风筝去了。

　　莱特兄弟俩拿着风筝走出了家门，准备找一块空旷的地方放风筝。这时，兄弟俩看见邻家的孩子们也都拿着风筝，高高兴兴地说笑着向他们走来。

　　"威尔伯，你们也是准备放风筝吧，咱们大伙一块儿玩怎么样？"

　　"好吧！"

　　于是，孩子们就会合到了一处。他们有说有笑，连蹦带跳地去寻找理想的地方放风筝。

　　他们走到镇东郊一个地方停了下来，这是一块比较大的空旷地方，周围没有房屋及较高的建筑物，也没有高大的树木，而且空地的中央略高一点，像一个微微凸起的小丘。这正是放风筝的好地方。

　　很快，小伙伴们都选择好了自己放风筝的地方，都迫不及待地要把风筝放飞，真是八仙过海，各显神通。由于制作风筝的水平不一样，风筝质量的高低也不同，再则放风筝的技术高低也差别很大，不少风筝根本飞不起来。有的风筝，经过三五次的试放后，才飘起来，但飞得不高，而且不稳定。所以，一块来放风筝的小朋友，有的很高兴，有的很生气，有的则干脆坐在地上看着别人的风筝在天上飞。

　　莱特兄弟俩也很快选择好了放风筝的地方。威尔伯拿着卷线的轴，轴上卷了一圈圈的很长的细线绳，他对奥维尔说："你拿着风筝，当我说声'好'的时候，你就立刻放手。"

威尔伯观察了一下风向，选好角度，站好位置，喊了一声"好"，奥维尔就松了手。威尔伯迅速地往前跑，风筝随即便顺着风势飞起来。风筝随着风力不断往上升，越飞越高。奥维尔高兴极了，大喊大叫，又跑又跳。

威尔伯看着弟弟高兴的样子，也舒心地笑了。他收住线，拿稳卷线的轴交到弟弟的手里，让弟弟也亲自放一放，更深刻地体验一下放风筝的乐趣。威尔伯还告诉他怎样放线收线，放线收线的时候应该注意哪些问题。威尔伯认为，只有这样，奥维尔才能玩得更开心。

奥维尔接过缠线的轴，说了声"好的"，便使劲往前跑。

奥维尔握着卷轴，一会儿跑，一会儿走，一会儿站在那里，不是收线就是放线，他放得很投入。奥维尔的心也和风筝一样，在蓝天上自由地飞翔。这时，一个奇妙的想法，在他的脑海里产生了。

"哥哥，我们回家自己动手，再做一个比这个还大的、飞得更高的风筝，怎么样？"

看着可爱又认真的小弟弟，威尔伯回答说："好的，我很喜欢制作。"

说着，威尔伯就接过卷轴。不一会儿，风筝就被收回来了。他们俩拿着风筝回家去了。

2．造风筝

到吃午饭的时候了， 还不见莱特兄弟俩回来。 妈妈就对刚回到家的路易说："威尔伯和奥维尔去放风筝了， 你去看看， 叫他们回来吃饭。"

听了妈妈的话， 路易跑到最适宜放风筝的镇东边去找弟弟， 但没有找到弟弟， 他只好回家。 听了路易的报告， 妈妈说了声"知道了"， 并告诉路易去干自己的事吧。 随后， 她就轻手轻脚地走到后院的仓库里。 一看， 果然不出所料， 兄弟俩正在那里忙着呢!

实际上， 兄弟俩一回到家就直奔仓库， 并迅速开始了制作。 在制作中， 他们不仅取得了极大的乐趣， 而且也增长了知识， 熟练了技能。 中国有句俗话： 要知道梨子是什么味道， 就要自己亲自尝一尝。 威尔伯无论干什么事， 总是要首先计划一下： 做什么样子的最好， 制造多大的最合适， 需要多少东西， 当时仓库有什么材料， 用什么颜色的纸张粘糊最耐用、 最好看。 做风筝比较简单， 但要做一个放得高、 飞得稳， 并且好看的风筝， 却不是一件很容易的事。 制作风筝， 必须按比例进行， 不能太重， 所以选材很重要。 兄弟俩弄来许多竹子， 经过挑选， 再把它们劈开削细。 随后， 又计算了一下， 就开始制作了。 他们扎好框架， 然后用很结实耐用的细绳绑好。 接着用好看而且耐用的纸粘糊到上边， 在上边画了一只小鸟的图案， 涂上颜色。最后一项工作， 就是在风筝的尾巴上接一个长穗子。 由于兄弟俩合作密切， 一个较大的风筝很快就做成了。

当妈妈来的时候， 兄弟俩正在往风筝架上糊纸、 画图案。 看着这两个心灵手巧的孩子， 妈妈心里很高兴。 她没有立即打断兄弟俩的制作， 而是站在旁边观看。 兄弟俩由于聚精会神地制作， 根本没有发现妈妈的到来。 当妈妈看到，制作的工作已经全部结束， 一个漂亮的风筝被制造出来时，才轻声地赞扬说："真了不起， 你们做的风筝很别致、 很漂亮。"

兄弟俩吓了一大跳， 但看到是妈妈来了， 就转惊为喜。听了妈妈的赞扬， 奥维尔抢着说："我们想做一个大的风筝，和他们比一比。"

妈妈笑着说："很好， 我想你们一定会赢的。 但现在的主要问题是吃饭， 我想你们一定饿了。"

兄弟俩经妈妈一提醒， 才感觉到真的是饿了。

第二天， 天气很好， 风力也很适合放风筝。 放学后，威尔伯和奥维尔就拿着风筝飞快地跑到昨天放风筝的地方，迫不及待地想试一试自己制作的风筝怎么样。 到那里一看，嗬， 已经有不少小孩聚集在那里了。 有的拿着风筝正准备放， 有的风筝已经飞了起来。 威尔伯把风筝交到奥维尔手

里， 自己拿着卷线的轴， 他选好位置， 看准风向， 说声
"放"， 奥维尔就松了手。 风筝借风力很快地上升， 迅速地
追上了别人放得比较高的风筝。 这时， 威尔伯又把风筝线轴
交到奥维尔手里。

奥维尔高兴地接过线轴， 老练地站在那里， 一会儿收
线， 一会儿放线。 为了避免和别人的风筝交线， 他不时地
前走几步， 或后退几步。 随着奥维尔收放的变化， 风筝飞
得更高了， 很快超过了所有的风筝。 这时， 放风筝的小伙
伴们都吃惊地望着奥维尔放的风筝。

"好厉害， 飞得这么高!"

"加油， 决不能输给奥维尔!"

有的人赞叹， 有的人却不服气。

有一个少年， 迅速地往前跑， 希望自己的风筝能飞得更
高， 超过奥维尔的风筝。 这时， 一阵强风吹来， 他的风筝
不但没有继续升高， 相反， 却在空中打了几个转， 迅速地
掉了下来。

直到天黑看不见了， 孩子们才收回线， 各自回家。

在回家的路上， 奥维尔问道:"为什么我们的风筝飞得那
么高， 而别人的风筝却飞不了那么高呢?"

"我想是竹条较细， 重量较轻的原因吧。" 威尔伯回答
说。

"可是， 风筝在逆风的时候被吹得像张弓， 反而上升得

更快，这是什么原因？”奥维尔又紧追不舍地向哥哥提出了问题。

“这个……我也不知道。”威尔伯迟疑却很坦诚地回答弟弟。

威尔伯虽然制作出了好风筝，但毕竟年纪还小，讲不出其中的科学道理。实际上，这体现了曲面比平面更具浮力的原理。

很多小孩都很羡慕莱特兄弟俩制作的风筝，但是由于没有手工经验，又不肯研究和多试做，所以很难做出像莱特兄弟那样的风筝来。为此，很多小朋友都来请教威尔伯，特别是春季来临之前，请教的人就更多，甚至有些大人为了给自己的孩子做一个好风筝，也来求教于威尔伯。威尔伯的脑袋很灵活，他索性利用自己的技术，动手制作了各式各样的风筝出售。这样做，不仅从中得到了乐趣，增强了自信心，锻炼了思维，丰富了想象，而且还积攒了不少零用钱。

3. 仔细观察老鹰飞翔

年少的威尔伯和奥维尔兄弟俩喜欢放风筝，放风筝不仅给他们的生活带来了很大的乐趣，而且丰富了他们的想象力。

兄弟俩经常到野外去玩耍，经常观察鸟类飞翔，有时，他们累了，就会躺在地上，谈论鸟类飞翔的事。

"鸟为什么会飞呢？"

"鸟为什么掉不下来？"

"鸟是凭借什么东西在天空中飞翔的呢？"

"鸟为什么能想东就东，想西就西呢？"

"鸟是怎样转换方向的？"

有时兄弟俩站在空地上，抬着头观看鸟类飞翔，两三个小时一动也不动，甚至一句话也不说，各自都在进行着自己的想象。为此，大哥路易还取笑说："我看，你们俩恨不得生出一对翅膀飞到天空中去，才觉得满足。"

一次，父亲米尔顿抽空回家，带着家人到距迪顿镇较远的一个村庄去短途旅游。当他们路经一座小山丘时，莱特兄弟俩不约而同地要求父母停下来玩一会儿。这里到处有树木，特别是有一片比较大的稠密的树林。兄弟俩发现这里飞鸟很多，所以才要求停下来。

他们发现这里的飞鸟不仅数量多，而且种类多。在观察中，他们发现，各种鸟类大小不一样，起飞的姿势和飞翔的速度也不一样，滑行的方式也有很大的不同。莱特兄弟仔细地比较着各种鸟类飞翔的异同和优缺点。老鹰的飞翔引起了他们的注意，老鹰不仅飞得高，飞得灵活多变，而且飞得快，飞得稳定，姿势优美。他们看到，老鹰向下俯冲时的速度最快。他们也发现，老鹰上升、下降、前进、转圈时，翅膀展开的幅度和倾斜的角度也不一样。

兄弟俩真是看呆了。

父亲和母亲当然理解两个孩子的兴趣和心情，不愿扫他们的兴，让兄弟俩尽情地观察，没有打扰他们。

有一天，威尔伯和奥维尔兄弟俩放完风筝，因为时间还早，就躺在地毯似的绿草地上休息，任风吹拂，感到很舒服。他们仰望天空，各自想着心事。这时，飞来两只老鹰，在他们上空自由地、长久地飞翔着，而且飞得越来越低，好像有意给兄弟俩演示，以便让他们仔细地观察自己飞翔的姿势和每个细节。这个情况，当然同时引起了兄弟俩的注意，但他俩谁都没动，也没有出声，似乎都怕动作或声响把老鹰赶走。这是观察老鹰飞翔的好机会，兄弟俩的眼珠随着飞翔的老鹰在转动。

老鹰有时候拍着翅膀自由地飞翔，有时候却突然转换方向迅速前进，有时候展开翅膀侧着身体一圈圈地盘旋，有时候展开翅膀一动不动地向前、向下作水平滑行。老鹰显得非常逍遥自在。

天空中的老鹰在飞翔，躺在地上的兄弟俩，心也在飞翔。

"如果人也能在天空中飞翔，该多好啊！"莱特兄弟俩心里都在这样想。

4. 莱特兄弟的理想

老三威尔伯、 老四奥维尔和老大路易、 老二罗林有很大的不同， 他们就是喜欢观察鸟类在天空中飞翔。 常常， 兄弟俩躺在草地上， 眼睛盯着天空中的飞鸟， 一看就是大半天。 兄弟俩互相交流着自己的想法， 要是人能骑在它的背上， 用手握着缰绳以控制方向， 想到哪儿去就到哪儿去， 该多痛快!

一天， 兄弟俩又到野外观察老鹰飞翔。 观察了很久后， 威尔伯转身对站在旁边的奥维尔慢慢地说:"你看， 那老鹰多么舒服自在， 想怎么飞就能怎么飞， 随心所欲。 假如我们也能像老鹰一样在天空中飞来飞去， 那该多好啊!"

奥维尔沉默了一会儿说:"是的， 人要是能在天空自由地飞来飞去， 那该多好啊! 可是人能像老鹰一样在天空中自由飞翔吗?"

威尔伯认真地解释说:"假如我们能在人身上也装上一对翅膀， 不就可以飞起来了嘛!"

"对。" 奥维尔充满信心地说,"只要给人装上一对翅膀， 人就可以像老鹰一样到处飞翔了!"

莱特兄弟的理想， 就是要给人装上一对翅膀， 使人也能像鸟一样在天空中自由飞翔， 但这种理想在当时不被人们理解，被认为是不切实际的幻想。在人类历史上，有多少人努力过，但都未能成功。所以，这也怪不得人们想不通。

莱特兄弟经常思考和讨论这个问题，但总是理不出一个头绪来。

"怎样才能给人安装上翅膀呢？"

"安装上什么样的翅膀才能在天空中自由飞翔？"

"人的两条腿能不能像老鹰那样作为起飞时的支点？"

一天晚上，在吃饭的时候，年龄较小的奥维尔就把他们经常讨论的话题告诉了大家。这引起了全家人的惊异。兄长路易和罗林则大笑着说："人怎么能飞上天呢？简直是梦想！鸟有翅膀，所以才能飞。人的身体这么重，即使安装上翅膀，也飞不上去呀。"

人真的不能飞上天吗？

三

　　母亲循循善诱，先画图，再制造，使莱
特兄弟取得比赛第一名。受纸蝴蝶会飞的启
示，兄弟俩决心造大鸟，要载人飞向天空。

1. 制造陀螺

　　秋天是美好的，处处一片金黄。虽然人们很辛苦，需
要秋收、秋藏、秋种，但心里很高兴。秋天是收获的季
节，春种一粒粟，秋收万颗子。对小孩子们来说，各种各
样的瓜果又是他们最喜欢的。

　　在一个星期天的中午，威尔伯和奥维尔走到一个小山丘
上。小山丘旁边有一片树林，这时候，在秋天严霜的影响
下，不少树叶已经脱落。树林里有野兔、松鼠等小动物，
还有长着美丽的羽毛的各种飞鸟。当然，如果你不注意，
也很可能被藏在地上、落在地上的树叶子里的毒蛇和昆虫所
伤害。因此，尽管他们俩在秋天里经常到这里玩，却不敢
往树林深处走，总是在树林周围或不深处玩耍。

"今天咱们往里边走，看看到底有没有毒蛇，怎么样？"奥维尔大胆地建议道。

"大人们都说里边有毒蛇，我想是不会错的。还是在外边玩比较安全，万一被毒蛇咬伤，可怎么办？"威尔伯毕竟年龄大几岁，很耐心地开导着弟弟。

兄弟俩就像从前一样，在树林周围玩，拾了不少落在地上的胡桃和橡实，或者是摘一些能吃的野果子。

他们把捡来的胡桃和橡实装好带回家，然后，根据大小不同分成几个等级排列起来。

奥维尔说："哥哥，能不能将这些有很硬外壳的果实，做成有趣的玩具呢？"

威尔伯经奥维尔这么一提醒，思考了一会儿，转身往仓库走去，并对弟弟说："你等着，我去拿工具箱。"

威尔伯很快拿来了自己的工具箱，里边不过是些废铜烂铁，或生锈的铁丝、螺丝钉等东西，但兄弟俩却把这些东西视为珍宝。

威尔伯拿起一个较大的橡实，把铁钉插进橡实比较大的一端，就这么简单，一个新奇的玩具做成了。这种玩具叫陀螺，又称转婆，也叫转牛。这种玩具可在地上迅速地转动，只要用鞭子加力，它就会不停地转动。当然，用橡实做的陀螺，是不能用鞭子加力的，因为它太小，只要用手转一下就可以了。威尔伯又拿起一个橡实，比画着教给奥维尔怎么做。

威尔伯把做好的陀螺交给奥维尔说："你试试看，怎么样？"

奥维尔兴高采烈地接过这个自制的新鲜玩具，两个手指捏住钉子，在用力旋转的同时，把它放到地上。他们看见这个陀螺很不稳，东倒西歪，只转了几转就倒下去了。威尔伯亲自试一试，结果一样。

威尔伯站在那里，拿着陀螺仔细地观察着，思考了一阵子之后，若有所悟地说："噢，我知道了。陀螺的上部都是平的，至少钉子应该插在它的中心交叉点上，不能偏。我应该把它削平才对。"

随即，威尔伯选取了一个比较大的、形状也较好的橡实，先用小刀将上端削平，然后再插上钉子，他把做成的陀螺再一次交给弟弟说："你再试一试看。"

奥维尔拿着陀螺试了一下，果然，这一次转得又快又稳，并且持续的时间长。这次，可把兄弟俩给高兴坏了，拍着手大喊大叫。叫声引来了妈妈和大哥、二哥，他们看到高兴得手舞足蹈的兄弟俩，以及兄弟俩制造的陀螺，不住地点头称赞。

随后，兄弟俩又跑到树林边捡来很多橡实，做成陀螺，然后把这些陀螺分送给邻家的小朋友们，让他们一块儿分享快乐。

2. 画图纸， 造雪橇

冬季来了， 这是孩子们玩耍的好时光， 威尔伯和奥维尔自己动手制造了一架可以在雪地上自由转动滑行的雪橇。

那一年的冬天， 小妹妹凯特三岁了， 奥维尔六岁， 威尔伯十岁。 可以说， 个子比较高的威尔伯， 已经成为男子汉了。

很快， 迪顿镇迎来了一场罕见的大雪， 雪下的时间很长， 积雪很厚， 迪顿镇的郊外一片白茫茫。 在这个时候， 镇郊的山丘上， 孩子们玩得正热闹。 每个孩子都带着自己父亲做的雪橇， 前呼后拥地从山丘上往下滑行。 这些孩子互相吵闹着， 要比赛一下， 看谁的雪橇滑得快， 但是， 威尔伯、 奥维尔、 凯特却没有雪橇， 只能帮助别的孩子推雪橇。

"回家吧， 凯特、 奥维尔!" 威尔伯几乎是命令， 语气没有商量的余地。

哥哥带着弟弟、 妹妹， 很快就跑回了家。

妈妈惊奇地问道:"怎么啦? 在雪地上玩， 多有意思， 跑回家干什么? 是和别的孩子打架了吗?"

奥维尔噘着嘴说:"不是。 妈妈， 外边一点意思也没有。 人家都有雪橇， 就我们三个没有!"

威尔伯懂事地、 也是无可奈何地解释说: "这也没办法呀, 爸爸总是不在家, 做不成雪橇呀! "

妈妈看着伤心的孩子们, 放下手中的针线活, 满怀信心地说: "那么, 咱们就自己动手做雪橇吧! "

这句话立刻使孩子们的脸色由阴转晴, 但他们心里也有疑问: "妈妈会做雪橇吗? 人家的雪橇都是爸爸做的呀! " 三个孩子都用不信任的眼神望着妈妈的脸, 似乎要在妈妈的脸上找到使人信服的答案。

威尔伯首先大笑起来: "哪有妈妈给孩子们做雪橇的? 从来没听说过, 别的孩子的雪橇可都是他们的爸爸给做的。"

奥维尔、 凯特似乎对妈妈怀有更大的信心。 奥维尔说: "妈妈的手是很灵巧的, 咱们家的木制用具坏了, 不都是妈妈修理的吗? 咱们的妈妈和别人的妈妈可不一样。"

凯特则急于到仓库里去拿材料, 让妈妈赶快做成雪橇。

这时妈妈却拦住了她, 说: "木板、 工具等这些东西现在还用不着, 只用纸、 铅笔、 尺子就足够了。"

纸、 铅笔、 尺子怎么能做成雪橇呢? 三个孩子瞪大了眼睛瞧着妈妈。

妈妈先是摆好一个较大的饭桌, 然后拿来几张大纸、 铅笔和尺子放在上面, 启发说: "咱们先来画一个雪橇的样子吧。 你们都动动脑筋, 什么样的雪橇既好看又滑得快呢? "

随后, 妈妈又继续开导说: "凯特也长大了, 咱们的雪橇应该是比较大的，至少能乘坐三个人才行。"

在妈妈的启发下，威尔伯很快就有了自己的想法。为了留有余地，威尔伯设计的图纸比三个人的身体尺寸之和还要长些，当然样子也和别人的雪橇有较大的差异。

首先，他们造好的雪橇是要乘坐三个人的，而这种雪橇在迪顿镇上还没有见过。其次，他们画的雪橇比其他孩子的雪橇要矮得多。

威尔伯问道："妈妈，咱们的雪橇是不是有点太矮了？"

妈妈解释说："你们造的雪橇，是不是想滑得更快呀？要想雪橇跑得更快，超过别人的，就得制造成这么矮的。因为雪橇越矮，越能减少风的阻力。"

听了妈妈的话，威尔伯不解地问："什么是风的阻力？"

妈妈举例解释道："风刮得很厉害的时候，迎着风往前走一定很费力气吧？要是把胸挺起来走的话，碰到的风就会更多，走起来慢，还觉得累。但是，如果弯着腰，压低身子往前走，就会走得快，而且不累。你们想想看是不是这样的？"

"妈妈说得对，是这么一回事。"奥维尔赞同地说。

妈妈接着说："做雪橇也一样，要尽量做得低一些，风的阻力也就会小，速度也就会快起来。"

三个孩子听了妈妈形象的解释，都点头称是。

妈妈还要求威尔伯一定要把图纸画得准确些。因为只有画得准确，才能制造出准确的雪橇。威尔伯听从妈妈的吩咐，认真而又仔细地量尺寸、计算数字，画出了准确的雪橇图纸。威尔伯把准确画图的作风坚持了下来，后来能制造出飞机，与这种作风有着直接的关系。

"图画好了，该做真的雪橇了。"奥维尔激动地说。

兄妹三人拿着画好的图纸，迅速地跑进后院的小仓库。

"来吧。奥维尔，把木板拿过来！凯特，把钉子和锤子拿来！"

威尔伯一边看着图纸，一边像将军一样麻利地指挥着，小仓库迅速地热闹起来，"咚咚，咯咯，吱吱"的声音不断传出来。

第二天中午，雪橇完工了，三兄妹看起来似乎很满意。

奥维尔高兴地招呼正在做饭的妈妈："妈妈，快来看，我们已经把雪橇造好了。"

"好的，我就来。"妈妈一边说，一边走。

一个很结实、很漂亮，但看起来有点矮的雪橇放在仓库的中央。

妈妈看着，按照图纸用尺子量着。雪橇的两条腿被打磨得很光滑，而且打过蜡。原来是威尔伯为了减少阻力，使雪橇跑得更快一点，才这样干的。

"真了不起，做得真好。"妈妈满意地赞扬说。

3. 雪橇比赛取得第一名

兄妹三人回到餐厅， 狼吞虎咽地吃了饭， 急急忙忙就往后院的仓库跑。 他们拿出雪橇， 就直奔小朋友们玩耍的山丘。 兄妹三人信心十足， 一定要赛一赛、 比一比。

但当他们一到山丘上， 小朋友们就嘲笑开了：

"哎呀， 怎么那么长？"

"你看， 它还很矮！"

"可能是家里缺少材料？"

"这个怪模怪样， 能滑行吗？"

"滑不了几尺， 它就会零散的！"

小朋友们七嘴八舌， 而且话语很尖刻。

不甘示弱的小妹妹凯特， 仰着头、 红着脸、 噘着嘴说："这雪橇， 是在我妈妈指导下画了图纸后， 按照图纸做成的。 妈妈说它肯定滑得快。"

"什么， 是妈妈帮助你们做的？ 没见过， 我们的雪橇都是爸爸亲自做的。"

一个小孩这样一说， 大家都笑了起来。

奥维尔再也忍不住了， 他立刻对威尔伯说："哥哥， 咱们现在就和他们比赛吧！ 我们一定能取得第一名。"

"好吧， 比赛就比赛！ 看你们的雪橇， 滑不到半路，肯定就会四零五散的！"

大家说好了，就迅速在小山丘上把雪橇排成一行，总共有十几架雪橇参加比赛。

威尔伯首先自己趴在雪橇上，然后招呼小妹妹凯特趴在中间，后边则趴着奥维尔。他们还把双脚稍微叉开，以保持平稳。

兄妹三人的这种乘雪橇的姿势，使小朋友们很吃惊。

"这是什么奇怪的坐法，没见过。如果你们不会坐雪橇，我们可以教你们。我们的雪橇可都是直着身体往下滑行的。"

一些小朋友看着莱特兄妹三人，不住地摇着头。

"各就各位！预——备——开始！"

号令一下，十几架雪橇一齐从山丘上往下飞快地滑去。

兄妹三人的雪橇从一开始就滑在前边，越滑越快。不一会儿，就把别的雪橇远远地甩在后边，迅速地到达了指定的终点。

兄妹三人从雪橇上下来，互相望着，兴奋地笑了。

兴奋的凯特自言自语地说："妈妈真行。咱们的雪橇和妈妈说的一样快！"

爱动脑筋的奥维尔，这时认真地对威尔伯说："哥哥，你是怎么想起来的，让我们趴在雪橇上？"

看着按捺不住激动心情的奥维尔和凯特，威尔伯解释说："这是妈妈教的。 只有趴在上边， 风的阻力才小。 这样， 雪橇就会滑行得更快。"

兄妹三人得胜回家， 好不快乐。

别的小朋友一回到家， 就把莱特兄妹的雪橇和比赛情况报告了家长， 并要求自己的爸爸也做一个莱特兄妹那样的雪橇。 但是， 这些孩子的爸爸也弄不懂， 那样矮的雪橇， 在乘坐三人的情况下， 为什么还滑得那么快， 就只好去问莱特兄弟了。

莱特兄弟的这一创造发明， 轰动了迪顿镇以及附近的村庄。 一传十， 十传百， 人人都对莱特家这对小兄弟投以赞赏的目光， 都伸出大拇指， 夸奖莱特兄弟心灵手巧， 聪明能干。

4. 课余劳动， 攒钱买工具

一天， 米尔顿坐在书桌前看书的时候， 对妻子说："这两个孩子都对机械产生浓厚的兴趣， 尤其难得的是， 两兄弟在一起时， 始终合作默契， 无论做什么事， 都彼此帮助， 从不争功诿过， 发生争吵。 这是他们能制造出那些精巧的东西的原因。"

他喝了一口水， 看着妻子的脸， 停了一会儿， 继续说道："我们钦佩发明者， 我对富尔敦、 斯蒂芬孙等发明家很崇敬。我观察，机械在未来的人类生活中，必然会占据重要的位置。我看，这两个孩子对机械有如此浓厚的兴趣，说不定会发明出对人类有重大贡献的机器呢！"

妻子凯塞琳是很赞同丈夫的看法的："是啊，我也是这么想的。这两个小家伙一有空闲，就会钻到仓库里摆弄各种东西，拆拆装装，就像着了魔似的。"

夫妻二人对话的结果是，应该让莱特兄弟按照兴趣自由发展，不必太限制他们，并且应该多多鼓励和不失时机地引导他们。正是在父母的鼓励和正确引导下，莱特兄弟才成为伟大的发明家的。

莱特兄弟从制作陀螺到制作雪橇，深深地体会到了亲手制作东西的快乐，所以，他们更加喜欢制作。他们一放学，就会拿出工具箱，从事自己的制作和研究。

尽管父亲把自己喜欢的工具送给了莱特兄弟，但这些工具有些过时了，有些由于用得太多而磨损得很厉害，有的则是因为时间长了生了很多的锈。所以，兄弟俩深感没有得心应手的工具。兄弟俩就想，如果有了得心应手的好工具，就会把活干得又快又好。

终于有一天，奥维尔建议说："哥哥，咱们攒钱买套新的工具吧！"

听了奥维尔的建议，威尔伯说："是的，我也是这么想的。可是工具是很贵的，只靠攒钱是不行的，咱们找点活干怎么样？"

　　奥维尔立刻就同意了哥哥的建议，但他同时又提出了另一个问题："可是干什么活好呢？"

　　威尔伯对奥维尔说："距咱们家不太远的地方，不是有座化肥厂吗？听说那里收集猪骨头、牛骨头等作为制造肥料的原料。我们就收集这些东西吧，这些东西谁家都有，而且没用场，所以很好收集。"

　　听了哥哥的话，奥维尔心里想道："如果把全镇居民家里的骨头都收集起来送到工厂去，那就会换来很多钱，那就能很快买来我们需要的工具了。"但奥维尔又向哥哥提出了问题："这件事能行，可是不知道妈妈怎么想，要是妈妈不让干怎么办？"

　　威尔伯也担心地说："是呀，如果妈妈不同意怎么办？咱们先给妈妈说说看怎么样，如果妈妈不同意，咱们就私下里悄悄地干。"

　　莱特兄弟的父母是很民主、很开明的，妈妈听了兄弟俩的想法后说道："去干吧，只是不要给别人添麻烦，要注意安全。"

　　让孩子们自己去挣钱买自己喜欢的工具，这不仅培养了他们的自主能力及自信心，而且会给他们带来因劳动成果而产生的快乐。

　　莱特兄弟俩商量好了，就利用星期天，推着小车在镇里走街串巷进行收集。

"咚咚!" 他俩挨家挨户地敲门:"劳驾, 麻烦你了! 我们是来收集骨头的, 什么猪啊、 羊啊、 牛啊的骨头都可以。 如果你们没有什么用就请给我们吧!"

迪顿镇的居民都很友好, 各种骨头堆在那里很不卫生, 很多人正发愁这些骨头没法处理, 这时兄弟俩来了, 这给迪顿镇居民帮了忙。 所以, 居民们都把骨头交给了莱特兄弟俩。 因此, 时间不长, 兄弟二人就收满了一车各种骨头。

这些骨头很脏, 兄弟俩弄得满身油污。 一车子骨头很沉重, 推起来很吃力, 但他们还是很高兴的, 这是他们劳动的成果, 他们充满了自信。 他们认为, 这一车骨头满可以买回一套自己喜欢的新工具。

化肥厂的气味很难闻, 当他们接近化肥厂时, 一股恶心的气味冲来, 奥维尔首先忍不住捂着鼻子说:"哥哥, 这气味, 我真的受不了呀!"

威尔伯说:"咱们绕道走吧, 不顶着风, 应该就没有气味了。"

威尔伯说完, 就拉着车向右边转去。

很快, 他们就来到了化肥厂, 找到工人说明他们收集骨头卖给工厂换点钱买工具的意思, 但工人的回答却使莱特兄弟二人大失所望:"这么点骨头怎么卖? 回家吧, 多拿些骨头来, 才能给你们钱!"

　　莱特兄弟幼小的心灵受到了第一次打击，按照工人的这种说法，即使天天收集，也换不了几个钱。这样下去，什么时候才能把钱凑齐买一套新工具呢？恐怕至少也得十年八年。莱特兄弟多么想赶快把钱凑足，买一套使用起来得心应手的工具呀！

　　由于骨头价钱太低，也由于学习较忙，更由于要搬家，莱特兄弟停止了收集。不久，莱特兄弟一家由于父亲工作的变动，再一次搬了家。

5. 纸蝴蝶会飞

　　由于米尔顿管理的教堂增加，他升任为主教，薪水也提高了。莱特一家再次搬迁，迁移到雪比祠居住。由于路易和罗林都在念高中，并且不愿转学，所以没有随父母前往新的居住地，留在迪顿镇。

　　莱特一家居所不定，经常迁移，因而对威尔伯、奥维尔的学业影响很大。尽管美国的同类同级学校有统一规定，但各校的风格和纪律要求却有很大不同，而课程的多少和采用的教材也有差异。为此，每一次搬家，莱特兄弟俩都得适应新环境，应付新课程，这导致他们的学习成绩逐渐下滑。成绩的下滑，导致兄弟俩对正式教学和教材不感兴趣，并且把正规教育看得很可怕，因而莱特兄弟俩就把精力和兴趣放在新奇的事物和发明创造上。

威尔伯和奥维尔兄弟俩很快就在当地混熟了，交上了不少新的朋友，放学回家或者一有空，就会到一起玩耍。新地方，新环境，总有很多不同的东西，这使莱特兄弟大开眼界，大增兴趣。

一天，一个叫汤姆的小朋友来找莱特兄弟出去玩。

"咱们到小山丘上的树林里去采野蘑菇、捉迷藏吧！"

"好的，咱们现在就去！"

三个小朋友一拍即合。

实际上，当时已经下了好几天雨了。好不容易天晴了，孩子们怎能不高兴呢？小鸟该自由地飞了。

"等着我！"凯特从屋里跑出来说，"我也要去玩，在那里一定会玩得很开心！"

"别去了，那里有蛇，你既怕蛇又跑不快，我们可帮不上你的忙。我们会采一些漂亮的花朵送给你的。"

威尔伯吓唬着妹妹凯特。

凯特又想去，又害怕，正在犹豫着，这时妈妈走出来了，她拉住凯特，转身对莱特兄弟说："去玩吧，但要注意，路很滑，别玩得太晚。妹妹就不要去了，说不定爸爸今天要回来。"

"知道了。"

话音还没落，提着篮子的三个小朋友已经跑得很远了。

凯特只好失望地目送着哥哥们远去。

　　三个小朋友又蹦又跳，有说有笑，很快就到了小山丘上的树林里。这片林子比较稠密，又是在山丘上，所以很显眼，不仅小朋友们喜欢到这里玩，这里更是村民们公认的小公园。

　　三个小朋友商定，看谁采的野蘑菇又多又好。三个小朋友不仅都能分辨各种蘑菇，以及是否有毒，而且采集得很快。当然还是威尔伯年龄大些，他采集的野蘑菇又多又好。威尔伯还帮助奥维尔和汤姆采蘑菇，装满了篮子。采足了蘑菇，三个小朋友又开始捉迷藏。他们轮换着捉迷藏，高兴得忘了时间。

　　威尔伯抬头一看，大吃一惊，太阳已经偏西了："奥维尔，咱们赶快回家吧，说不定爸爸已经回来了。"

　　三个小朋友提着篮子飞也似的往回跑，威尔伯跑在最前边，却没注意撞到一个人的身上。抬头一看，原来是拿着手提包正往家走的爸爸。威尔伯兴奋地叫了一声："爸爸，你回来了！"这时奥维尔也站到了爸爸的面前。汤姆很有礼貌地说："米尔顿叔叔好！"转身又对莱特兄弟俩说，"我回去了，咱们隔日再玩吧。"

　　爸爸看见提篮里装满了蘑菇，就逗兄弟俩说："采得还真不少呀，够咱们全家饱餐一顿了！但我担心，可能有毒不能吃啊！"

奥维尔抢着说："没问题，我们都能分辨出毒蘑菇来。在采蘑菇的时候，我们是非常仔细的。你看，我采的蘑菇又多又嫩。"

说完，他看着威尔伯又补充一句话："这都是威尔伯哥哥教我的。"

"我们还玩了捉迷藏。"威尔伯插了一句。

"哦，开心吗？"爸爸很感兴趣地问道。

威尔伯告诉爸爸说："开心，很开心，但我们回来晚了。"

"那么咱们就赶紧回家吧。"说着，爸爸拉着奥维尔的手和两个孩子一块儿往家走。

凯特飞快地跑出了门，米尔顿笑呵呵地抱起凯特，吻着她的脸蛋说："你们猜猜，我给你们带回来了什么东西？"

孩子们真是喜出望外。买东西，这在以前是比较少的，因为没有钱，而对于玩具，他们更不敢奢望。三个孩子都想，爸爸带回来的可能是玩具。会是什么玩具呢？谁也猜不到。

爸爸放下凯特，打开皮包，从里边拿出一个长方形的纸盒子来，要凯特自己打开看。

凯特麻利地接过盒子，迅速地打开了盒子。

"哇！多么漂亮的布娃娃呀！她还会眨眼睛呢！真是太好玩了！"

　　凯特用两只手抓着布娃娃，开心极了，她长这么大从没有玩过这种东西。她拿着布娃娃跑到妈妈跟前让妈妈看，但只给妈妈看一头，她两只手却紧紧地抓着另一头，似乎怕妈妈把布娃娃抱走。

　　当爸爸给凯特礼物时，站在一旁的威尔伯和奥维尔没有吱声，他们的眼睛瞧着皮包，露出一副期待的神色。过了好大一会儿，米尔顿才神秘地拉开了皮包的另一个拉锁，微笑着从中取出来一个非常好看的方形大盒子。

　　"这是买给你们兄弟俩的节日礼物，它非常有意思，我想你们一定会喜欢它的！"

　　兄弟俩马上打开了盒子，二人都没有吱声，只是歪着头看着盒子里的东西在思考。

　　盒子里放着一只纸做的蝴蝶，蝴蝶的腹部还有一个旋钮。

　　兄弟俩不约而同地抬头望着父亲，心里却在嘀咕，爸爸为什么送给我们兄弟俩一只纸做的蝴蝶呢？这是女孩子才喜欢玩的，可我们不是女孩子呀。

　　父亲从兄弟俩的脸上看到了他们的疑问，解释说："不错，它是一只纸做的蝴蝶，可是它会飞呀！"

　　"会飞？"纸做的蝴蝶会飞，那怎么可能呢？兄弟俩感到非常吃惊。这时，凯特和妈妈也都围拢过来。

　　父亲把纸做的蝴蝶拿在手里，看着瞪大了眼睛的孩子们说："来，你们看着。我先来给你们做示范。"

父亲用左手握住纸蝴蝶的腹部，右手去绞紧藏在腹部里的橡皮筋。他用力旋转，并解释道："只要向一个方向转，下边的橡皮筋就会被扭紧，然后向着上面，如果你一松手，橡皮筋就会立刻放松还原。这样一来，纸蝴蝶就会飞起来。"

父亲把话一说完，将手一松，这只纸蝴蝶"啪"地一下，果然飞了起来，还越飞越高，并发出呜呜的响声。

"飞起来了，飞起来了。"

"啊，太棒啦！"

"就像蝙蝠一样。"

看得目瞪口呆的孩子们马上反应过来，又拍手，又跳跃，又叫喊。

"看来你们是很喜欢这只纸蝴蝶啦，但要爱惜它，买它花了不少的钱呢。"父亲这样叮嘱着。

这么贵重的玩具，莱特兄弟俩都是生平第一次拥有。能在空中飞的东西，他们原来认为只有鸟和蝴蝶等，可是人工做的纸蝴蝶这种玩具，却也能够飞起来。这在莱特兄弟俩的心中引起了强烈的反响。

兄弟俩和凯特尽情地玩，玩多少次都不厌烦，越玩越觉得有兴趣。兄弟俩受到了启示，又开始动脑筋了，各种各样的想法浮现在脑海里。

　　"为什么纸蝴蝶会飞呢?"

　　"小小的纸蝴蝶会飞, 但不过几尺高, 如果把它放大, 是否会飞得更高? 是否可以载人?"

　　一天, 奥维尔对威尔伯说:"咱们如果能把纸蝴蝶放大, 或许它能飞得更高更快, 说不定还能载人呢! "

　　威尔伯认为奥维尔说得没有错, 同意做一个试试看。

　　兄弟俩说干就干, 马上找来材料, 很快就做成了一个比父亲买的要大上一倍的纸蝴蝶, 橡皮筋也多了一倍。

　　兄弟俩拿着自制的纸蝴蝶, 走到一个比较空旷的地方。威尔伯左手握着纸蝴蝶, 右手扭紧橡皮筋, 举起手把它往空中一送, 随即松手。 莱特兄弟做的纸蝴蝶迅速地飞了起来, 纸蝴蝶越飞越高, 很快地飞过了树梢, 而且还会转弯。

　　尽管兄弟俩取得了成功, 但他们并不满足, 还想做一个更大的纸蝴蝶, 希望能飞得更高更远, 最好是载人起飞。

　　这一次, 喜欢动手制作的威尔伯和奥维尔选用了更粗的竹篾, 做成一个更大的纸蝴蝶, 当然橡皮筋也增加了很多。制作完成以后, 兄弟俩又把它拿到上次放飞的地方试验, 但这一次使莱特兄弟俩大为失望。 他们把纸蝴蝶往空中一送, 一松手, 纸蝴蝶也飞了起来, 但它并没有上升, 而是很快"啪" 的一声栽了下来, 试验了几次, 结果都一样。

　　兄弟俩又开始研究。 奥维尔认为翅膀不够大, 威尔伯则认为是橡皮筋不够结实耐用。 兄弟俩根据自己的判断, 加以改良， 翅膀加大了， 橡皮筋也增多了， 可是多次试飞的结果都是一样， 飞不起来。

兄弟俩找不到答案， 只好去找父亲。

父亲对兄弟俩制作的纸蝴蝶大为赞赏， 并鼓励他们好好努力， 对他们提出的问题解释说："小小的纸蝴蝶， 可以凭借橡皮筋的力量， 飞上天空。 现在你们制作的纸蝴蝶， 体积这样大， 又那么重， 只靠橡皮筋的力量怎么行呢？ 这是很自然的道理。"

父亲的解释很合理， 但两个小孩却难以理解。

6. 做木剑攒钱造大鸟

受纸蝴蝶能飞起来的启示， 兄弟俩又更多地到野外观察鸟类飞翔。

一天， 威尔伯目不转睛地看着飞翔在天空中的鸟儿， 问弟弟道："你说， 那只鸟儿的翅膀并没有拍动， 却掉不下来， 并且很平衡、 很稳定， 这是为什么呢？"

奥维尔仰头看着飞鸟， 若有所思地回答说："我想， 可能因为飞鸟的翅膀是弯曲的， 所以能在空中停留而掉不下来。"

兄弟俩讨论着， 一心想要制作一个体积较大但重量较轻的蝴蝶或者鸟儿， 让它能够载人飞上天空。 但是， 要想制造一只大鸟载人飞上天空，确实很难，这一点兄弟俩已经认识到了。要买好材料，才能制造出大鸟。但买好材料得花去很多钱，可父亲的薪金很低，只能够养家糊口，没有多余的钱来买材料供兄弟俩试验，这一点兄弟俩也认识到了。为此，兄弟俩商量，要先存钱，然后买材料。就这样，兄弟俩不再吃糖果、零食。可是兄弟俩很快认识到，这样攒钱太慢。

奥维尔想到了一个好主意，他兴奋地对哥哥说："你还记得吗，从前外公曾经用胡桃树枝做成一把宝剑，并且还做了剑鞘呢。我们何不效法，也来做宝剑，然后把它卖给小朋友，这样，我们就会得到不少钱。"

"是啊！我怎么没有想到呢？"听了奥维尔的话，威尔伯高兴地说，"咱们镇附近的小山上，胡桃树很多，长得又高又大，简直用不完，这真是一个好主意。我们说做就做，要赶快动手。"

于是，兄弟俩到仓库拿上斧子和锯等工具，高兴地往小山上跑去。

威尔伯腰里插着斧子和锯，很利索地就爬上了一棵大树。一会儿用斧子，一会儿用锯，不长时间，就搞到了一大堆的树枝。

"哥哥，够了，足够了。它足够我们忙几天，我们用完了再来砍吧！"

在树下干活的奥维尔这时仰着头对哥哥建议。

威尔伯从树上下来，坐在地上休息。奥维尔很麻利地砍掉小树枝，并把有用的树枝集中到一块儿。很快，他也完成了自己的工作。这样，哥俩背着两捆笔直的胡桃树枝，高兴地回家去了，奥维尔还兴奋地哼着小调呢。他们把胡桃树枝放在后院，跑到客厅，三下五除二就吃完了饭，二话没说就又往后院跑。他们把两捆胡桃树枝按粗细排列整齐，较细的一端放在一个方向上，较粗的一端放在另一个方向上。随后，威尔伯吩咐奥维尔道："比较粗的一端要留下15厘米做剑柄。"

奥维尔根据威尔伯的吩咐，用尺子先量好，再用小刀在每一根树枝较粗的部位15厘米处较深地划上一圈，使每一根树枝都留下明显的界线。接着，威尔伯有条不紊地指挥着奥维尔拿来铁锤，把树枝搬到一块大石头旁边，并让奥维尔两手紧紧地握住剑柄部位，他自己则用铁锤在树枝上力量均匀地敲打着，同时吩咐奥维尔不时地转动树枝。按照这样的程序，每个部分都被敲打一遍，从而使树皮和树枝松开。当两捆树枝全部被敲松以后，威尔伯拿起其中的一根，左手握着剑柄部分，右手则在剑柄与剑身用刀子划分的地方一按，再顺手一拉，整个树皮就像一个筒子似的被拉了下来。

"你看，这是宝剑，这是剑鞘，刚好配套。"威尔伯高兴地给奥维尔介绍着、示范着。

　　当初，威尔伯只是看到外祖父做过一次，他就学会了，现在实践起来，完全得心应手，这使奥维尔钦佩不已。两兄弟高兴地左手拿着剑鞘，右手举着宝剑，又蹦又跳，又喊又叫，好像自己就是古代的英雄，正在和抢劫的歹徒搏斗。

　　兄弟俩在院子里玩了一阵子，满足了他们的英雄欲望，威尔伯就对奥维尔说：“我们还是先把宝剑做完了再玩。否则，树皮一干，就不容易脱落下来。”

　　说干就干。他们先把树皮和树枝脱离，然后把脱去皮的树枝用斧子加工，削平、削扁，再用小刀把它削光滑。随后又把筒状的树皮加工固定，和做好的宝剑配套。这样，木剑就全部完工了。

　　心灵手巧的两兄弟，完成了全部宝剑的制作。消息传出，不仅得到大人小孩的好评，而且宝剑很快就被抢购一空。虽然每把宝剑售价很低，但兄弟俩还是赚了一笔钱。

　　奥维尔高兴地说：“钱已经有了，我们可以买材料做大鸟了。”

　　威尔伯听了弟弟的话，也满怀信心地说：“我想咱们最好是做一只较大的飞鸟，咱们攒的钱足够了。”

　　奥维尔接着问哥哥说：“你准备做多大的，是不是想让人能坐上去飞上天空？”

　　威尔伯毕竟年龄大些，比较实际，他根据自己的理解对弟弟解释说："现在还不行，人太重了，飞不上去的。你看天上的飞鸟都是体积比较小，重量轻的，就是体积大的飞鸟，重量也比较轻，只是翅膀很大。"

奥维尔似乎理解了，他钦佩哥哥，完全相信哥哥的解释，但心里却在想：如果能制造一只较大的飞鸟，人也可以坐上去在天空飞行，那该多好呀！

爸爸从外地传教回来了，在吃晚饭的时候，威尔伯把自己做宝剑、卖宝剑的事，以及攒钱买材料做飞鸟的想法告诉了爸爸。

爸爸听了很高兴，他很支持孩子们的行动，鼓励他们要好好努力。但他话锋一转问道："宝剑都卖给谁了？"

奥维尔回答说："都是附近的小朋友，他们都很喜欢这种玩具，他们都抢着买我们制作的宝剑呢！我们还准备下个星期天再多做些。"

爸爸点着头，却又严肃地说："卖钱是可以的，但爸爸不希望你们以赚钱为目的，要以服务民众为宗旨，要以朋友友谊为重。你们可以多做些大家喜欢的玩具，但要尽量便宜一点卖给他们。你们说是不是应该这样做呀？"

细心的妈妈，看到正是教育孩子们的好机会，也趁机对孩子们说："爸爸说得很对，我希望你们能按照爸爸的话去做。你们的外祖父是制造运货车的能手，他制造出来的运货车，既坚固又实用，本来可以卖很高的价钱，但是你外祖父最了解穷人的困境，所以都是以很便宜的价钱卖给乡下人，使人人都买得起。这就是服务重于赚钱的道理，你们要牢牢地记住呀！"

父亲和母亲的一席话就像春雨一样，滋润着莱特兄弟的心田，给莱特兄弟留下了极为深刻的印象，一生受益无穷。

兄弟俩在干完各种家务活以后，抽空购足了各种材料，做好了做大鸟的一切准备工作。在一个星期天，兄弟俩迅速干完了各种杂活，就开始了制造飞鸟的工作。由于兄弟俩已经进行了仔细的考虑，所以做起活来得心应手，没有感到太吃力，很快就把飞鸟造好了。

莱特兄弟造好了飞鸟，邀请小朋友在星期一放学后，到他们家门口集合，一起去放飞鸟。

星期一放学后，小朋友都到莱特家门口集合。威尔伯拿着飞鸟，小朋友们走在后面，一块儿来到了经常放风筝的地方。在空地的中央，让两个小朋友帮忙，威尔伯和奥维尔扭橡皮筋，当威尔伯感到橡皮筋已经扭得很紧的时候，说声"松手"，两个小朋友就松了手。飞鸟果然飞了起来。

由于飞鸟体积较大，飞得比较慢，但确实是飞起来了。正当小朋友们高兴地拍手的时候，突然来了一股强劲的风，把大鸟一下子就吹到了距空地较远的一棵大树上。

威尔伯很快地爬上了大树。由于飞鸟被挂在大树的小枝条上，离树干较远，所以他费了很大的劲，才把飞鸟弄下来。 但当他们拿起飞鸟再次试飞时， 却怎么也飞不起来了。
他们一检查才发现， 飞鸟已经被树枝挂破了。 兄弟俩非常伤
心。

四

好奇心，恶作剧，制造风筝妖怪，吓坏
了里奇蒙特镇的居民，父亲严厉制止了这种
行为，莱特兄弟幼小的心灵受到重大洗礼。

1. 心灵手巧， 制造手推车

春天已经来临了， 但寒气仍没有完全退去， 过往的行人
在寒风中还缩着脖子。

一个星期天的早上， 两个小孩踩着积雪融化后显得有些
泥泞的路面， 深一脚浅一脚地往前走着。 他们一边走， 一
边还在商量着什么。 这两个孩子就是莱特兄弟， 他们早就想
把卡莫基先生靠在门口左边墙上已经破了的手推车买过来，
由于近来学习比较忙， 加上没有想好措辞， 一直没有行动。
今天他们俩下了决心， 要来试探一下。

兄弟俩走到卡莫基先生的店门口， 叫了声"卡莫基叔叔
好"， 然后就盯着卡莫基的脸一动也不动了， 按照他们路上
商量好的， 要看卡莫基叔叔的脸色行事： 如果他心情好，

就有可能答应他们的要求； 如果看出他心情不好， 那就不开口， 改日再说。

卡莫基先生看到这兄弟俩冒着寒风， 来得这么早， 而且神情同平时也大不一样， 猜想他们一定有什么事， 于是他笑着问："这么冷的天， 这么早就起来， 你们俩肯定有事吧， 是不是来看我新买的机器呀？"

兄弟俩没有回答卡莫基叔叔的话， 而是继续注视着他的脸， 卡莫基先生被他俩的异常举动搞得莫名其妙。

停了一会儿， 威尔伯才平稳心跳， 鼓足勇气说："今天不是来看机器的。 卡莫基叔叔， 我们有件事要和你商量。"

看到他们俩那紧张、 严肃的样子， 卡莫基拍着他们的肩膀笑着说："孩子， 有什么事尽管说出来， 别不好意思。 如果需要我为你们做什么， 卡莫基叔叔一定帮忙！"

从卡莫基先生的亲切话语中， 莱特兄弟得到了鼓舞， 奥维尔脱口而出："靠在你门口左边墙上的那辆手推车能不能卖给我们？"

说罢， 奥维尔伸了一下舌头， 低下了头。 他似乎不好意思， 又似乎害怕被拒绝。

当奥维尔讲话时， 威尔伯也很着急， 双手合在一起，不停地搓着， 但眼睛却一刻也没有离开卡莫基先生的脸。

"哦， 我以为是什么事， 原来是想要那辆手推车。 可以！ 可它已经破了， 你们要它有什么用呢？"

得到卡莫基叔叔的允许，兄弟俩非常开心，威尔伯高兴地说："叔叔，我们想把它买回去，修好了再用。"

"是啊，修好了才能用。"卡莫基接着说，"可谁来帮你们修理呢？"

"我们俩自己动手修理！"莱特兄弟异口同声地回答。

卡莫基惊异地望了一下他俩，又笑呵呵地说："听说，你们的祖父就是一位制造高手，没想到你们俩小小年纪，竟也有这样的本领。对啦，前不久，我看到了你们制作的雪橇，它可以任意转换方向，真是灵巧极了。要不是别人介绍，我还真不敢相信是你们俩做的。至于那辆破车子，就送给你们兄弟俩吧，你们现在就可以把它推回去！"

莱特兄弟是不愿白白接受别人的东西的，威尔伯说："我们是一定要付钱的。否则，爸爸妈妈也会批评我们的。"

卡莫基先生听了哈哈大笑起来："好孩子，我怎么会收你们的钱呢？况且一辆破车根本就不值钱。咱们是邻居，我也经常得到你父亲的热情帮助，我不会收你们钱的，快把手推车推回去吧！"

"叔叔，那可不行！"威尔伯坚持着，"要不然，就让我们帮你做点事，算作补偿，好不好？"

卡莫基先生缠不过兄弟俩，只好答应了。

莱特兄弟高兴地推着车回家去了。

又是一个星期天，莱特家的后院里可真热闹，"咚咚"

"啪啪"的声音接连不断。两兄弟起得很早，吃过早点，他们就开始干活了。

他们把那辆旧手推车翻倒放在地上，先把轮子卸下来，然后再把破了的旧箱子拆开，把能用的材料放在一边，把不能用的东西拿开。随后将锯好的木板用钉子钉成一个没有盖的大箱子，加上一个坚固的把手，再在箱子的底部钉几根结实的板材，最后又把轮子装上。就这样，一辆坚固耐用的手推车就修理完了。当然，还有一道工序，那就是用砂布之类的东西将它打磨光，以免挂烂衣服、磨破手掌。

兄弟俩看着自己亲自动手制成的大件成品，真是欣喜若狂。

威尔伯自豪地说："不是我们自吹自擂，我们镇上恐怕找不到比它更出色的运货车了。"

"是啊，"奥维尔接着说，"它一次就可以运很多东西，以后我们可以用它帮助妈妈做更多的事情。"

父亲看到他们的劳动成果，拍手称赞。

妈妈更是激动得眼泪都流出来了："威尔伯、奥维尔，你们真了不起，真是妈妈的好孩子！我相信你们今后一定能够制造出更多更好的东西来！"

对于孩子来说，能得到父母的赞誉、鼓励是多么重要啊。

为了奖励两个孩子，父亲让他们的哥哥路易和罗林用车推着威尔伯和奥维尔到他们经常放风筝的草地上去试车。莱特兄弟俩就像凯旋的英雄一样被两位哥哥轮流推着在草地上转圈。凯特羡慕极了，她叫喊着要哥哥们也推推她，于是威尔伯和奥维尔又轮流推起凯特来……爸爸破例从商店里买来许多好吃的，全家人围在一起野餐。威尔伯和奥维尔高兴得合不上嘴，凯特更是激动得又唱又跳。

又一个星期天，威尔伯和奥维尔一大早就推着他们亲手修好的手推车出发了。他们是去帮助卡莫基叔叔收集废旧机器和零件的。他们沿着大街小巷走门串户，要人们将废弃的机器和零件卖给他们。他们还模仿收旧器物的大人的样子，不时地喊叫几声，招揽了许多人。人们对兄弟俩的举动感到好奇，更被他们俩推的车子所吸引。

没用多大工夫，他们俩就收了满满一车废旧机器和零件。

当累得满头大汗的莱特兄弟将一车东西推到卡莫基先生的店门口时，卡莫基心疼地说："推这么多干什么？小小年纪，可不能这么干，累坏了身子就长不高了。"

卡莫基一边卸车上的东西，一边打量着他们俩修的手推车，连连夸奖："真没想到，真没想到！一辆破车一经你们俩的手，简直又如一辆新车啦。这哪像小孩子做的活呀！一会儿给车轴上涂点油，这样推起来就要省力得多。"

莱特兄弟得到卡莫基叔叔的夸奖，心里甜滋滋的。当他们推着车往家走的时候， 感到沿途的人们都以慈爱的目光注视着他们， 好像连路边的小草、 野花和天上的小鸟都为他们点头、 拍手。

2. 恶作剧， 吓坏了里奇蒙特镇居民

由于米尔顿工作的变动， 莱特一家又一次移居， 搬到了印第安纳州的里奇蒙特镇。

无论走到哪里， 无论住在什么地方， 威尔伯和奥维尔都能得到人们的喜爱， 因为他们俩聪明活泼， 为人友善， 助人为乐， 能吃苦耐劳。 他们始终不忘父母的教诲， 帮助别人制造玩具， 除了材料费以外， 只收一点点的手工费。 当积攒了钱后， 他们就去购买各种材料， 尝试制作各种各样的玩具和用具， 也只有在从事制作的时候， 他们才最快乐、最幸福。

他们移居里奇蒙特镇后， 各地正流行一种匣型风筝。 一天， 威尔伯从杂志上看到了有关匣型风筝制作的信息。

实际上， 里奇蒙特镇的孩子们也都非常喜欢放风筝。 莱特兄弟一到就加入了他们的行列， 并制作各种各样的风筝卖给他们。 由于莱特兄弟制作的风筝飞得又稳又高， 参加比赛总能取得好成绩， 这里的孩子们立刻就喜欢上了他俩。 但制作匣型风筝， 莱特兄弟却没有尝试过。

匣型风筝的发明者是郝哥莱伯，他是英国人，后来到澳大利亚当了一名技师。

威尔伯对奥维尔说："我们来学习郝哥莱伯吧，咱俩也来制造一个匣型风筝试试看。以前咱制作的风筝必须在有风的时候才能放起来，但根据我的理解，匣型风筝好像是用两个灯笼似的东西合起来的一种风筝，这种风筝即使在风力很弱的情况下也能升得很高、很稳。"他还压低声音告诉奥维尔别到处乱说，严守秘密，要让里奇蒙特镇的人大吃一惊。

两个人计划好后就立刻行动起来。奥维尔去准备制作所需的各种材料，威尔伯则用米尺、三角板等工具仔细地绘制制造匣型风筝的图案。经过几天紧张而辛苦的准备，一切都就绪了。

在一个星期天早晨，他们一大早就起了床，这一次，他们俩非常认真，因为是第一次制作这样的风筝，难度又较大。他们用了一整天的时间，反反复复地试制，装了拆，拆了又装……直到天黑，才把匣型风筝摆弄成。

第三天放学后，他们俩悄悄地拿出风筝去试飞。他们选择了一个比较偏僻的地方，由奥维尔拿着匣型风筝，威尔伯拿着卷线的轴，选好角度后威尔伯一声令下："放！"

奥维尔立即松手。

虽然没有风，他们的风筝却一放就飞，而且飞得很高。这么容易就取得了成功，威尔伯和奥维尔激动得抱在一起又蹦又跳。

怎么让里奇蒙特镇的居民吃惊呢？ 威尔伯和奥维尔商量了许多办法， 但觉得都不理想， 最后他们想到了用发光的磷涂在风筝上， 并系上两个纸条。 由于是突然出现， 人们肯定会以为是鬼， 一定会害怕的。

时令已是盛夏。 在一个闷热的晚上， 当里奇蒙特镇的居民们都出来到野外乘凉的时候， 莱特兄弟按事先商量好的办法， 在离人群较远的地方， 悄悄地将涂上磷的匣型风筝放上了天空。

果如所料， 风筝刚上升到空中， 就有人大叫："你们看， 那发光的是什么？！"

人群骚动起来："是妖怪！""是鬼灯！""是妖怪！ 你看还有两只眼睛一眨一眨的！"

孩子们被吓哭了。

有些胆小的人立即起身， 踉踉跄跄地往家奔跑。 很快， 所有的人都回家去了。

第二天， 全镇的人都知道了这件事， 大家都恐慌地谈论着它， 而且越传越神秘， 越传越可怕。 一连几天晚上， 大人们都像有灾难要降临的样子， 惶惶不安。 小孩们则连哭声都不敢发出， 不离大人半步。 有几个胆大的人仍出来观看， 发现亮光天天晚上都有， 只是方向不同， 今天在东， 明天在西……

连当地的报刊都在连篇累牍地刊登着各位目击者所见，当然也有各种添油加醋的传言。

威尔伯和奥维尔没想到他们的恶作剧能引起这么强烈的反响。他们表面上不动声色，也不参加人们的讨论，但内心却暗暗得意。

他们的父亲米尔顿，虽然是从事圣职工作的，但他却从不相信世界上会有什么妖怪，他决心要将此事查个水落石出。

一连几天晚上，米尔顿发现吃罢晚饭后，威尔伯和奥维尔都出去了。但他以为他们是去朋友家玩，没有在意。他出去查访妖怪之事，没有任何结果。

第六天晚上，吃过饭后，米尔顿又发现莱特兄弟一同出去了。

"难道此事与他们俩有关？"父亲心里嘀咕着。

为查明情况，米尔顿悄悄地尾随着他俩，发现他俩出门后向野外走去，米尔顿心里已明白了几分。米尔顿跟随他们到野外，果然发现了两兄弟的秘密。米尔顿真是又高兴又生气。高兴的是两个孩子聪明、手巧、爱动脑筋，生气的是他们不该将聪明才智放在这上头，以吓唬别人来取乐。

为了教育兄弟俩，父亲准备以其人之道，还治其人之身，想吓唬他们一下，使他们了解被吓唬的滋味。

兄弟俩摆弄着风筝，奥维尔还得意地说："没想到，效果真不错， 咱们明天晚上再把花炮带上去放一放， 狠狠地吓唬他们一下。"

这时， 父亲已悄悄地走到了他们背后。

"你们在干什么呀？"

由于太专心， 两人被这突然的问话声吓了一大跳。 当听清楚是父亲的声音时， 兄弟俩可真的害怕了。

3. 吓人终被吓， 父亲的教诲终生难忘

听到父亲的声音， 两个搞恶作剧的孩子真被吓了一跳。他们想立刻逃跑， 但两条腿却像是被钉在了地上一样， 一动也动不了。 他们低着头， 耷拉着胳膊， 平时的精神头不知突然间飞到什么地方去了。 似乎只有这时， 他们俩才意识到问题的严重性。 他们老老实实地站着， 等待着父亲的惩罚。

莱特兄弟的父母虽然很疼爱孩子们， 但在培养、 教育方面是非常严格的， 决不迁就孩子们的错误。

"你们俩跟我回去！" 米尔顿声音虽不高， 但很威严。兄弟俩不敢出声， 乖乖地跟在父亲的身后往家走。

回到家后， 父亲将他们俩带到自己的书房， 看到他们俩那紧张的样子， 不忍心训斥他们， 他语重心长地说："你们兄弟俩， 头脑聪明， 善于动脑筋思考， 手艺精巧， 擅长制造， 确实超人一等。 能有你们这样的孩子， 我感到非常的

骄傲和自豪。 但是， 我认为聪明才智的发挥和运用， 有三种不同情况： 第一是把自己的聪明才智用在服务民众方面， 这是利他行为， 最值得鼓励和赞扬。 第二种是把聪明才智用来使自己获得荣誉、 名声和地位， 就像你们从前在雪橇比赛中， 利用自己造的雪橇赢得了第一名一样， 还有后来的造风筝、 木宝剑等， 这是一种利己行为， 它不算什么坏事， 但总不如第一种情况好。 最坏的情况是第三种， 即凭借自己的聪明才智去伤害别人， 看到别人被欺骗、 受愚弄、 受惊吓而自己幸灾乐祸。 这是绝不能原谅的， 是最要不得的。"

父亲看着两个孩子一脸的悔意和愧疚， 停了一会儿又慢慢地说："你们的年龄已经不小了， 都该念中学了， 该懂事了， 怎么可以制造如此的恶作剧呢？ 我感到很不安。 将心比心， 假如你们也是被愚弄、 吓唬的一方， 你们的感觉会怎么样呢？ 不管办什么事， 总要考虑考虑后果， 总要设身处地地为他人想一想， 万万不可只图自己快活， 不顾他人如何！"

听了父亲的谆谆教诲， 兄弟俩很受启发， 他们向父亲认错， 保证以后再不会发生如此损害他人利益的事。

实际上， 莱特兄弟的天性是纯朴、 善良的， 只是年龄还小， 活泼顽皮， 好奇心强， 又不懂什么是伤害别人等道理， 才犯了错误。 经过父亲的一番教育和开导， 联系到从前父母的言传身教， 他俩明白了什么是对、 什么是错、 什么该做、 什么不该做等道理。

　　父亲最后说： "今天的事就算过去了， 错了改正就好。但我希望你们今后要奔着我讲的话去做， 将聪明才智用到正当的地方去。 切记： 以服务民众为第一要义。"

　　母亲一直站在门口听着里面的动静， 她听到米尔顿的话讲完了， 就推门进去趁机说： "你们父亲的话我都听到了，他说得很对。 我也希望你们能照着父亲的话去做。"

　　聪明的父母不仅善于发现和鼓励孩子的优点， 同时也善于纠正孩子的缺点和不足。 经过这件事， 莱特兄弟受到了深刻教育， 从此， "以服务民众为第一要义" 的忠告深深地刻在了他们心灵上， 成了他们一生行事做人的准则。

五

爱好体育，喜欢运动，训练场上威尔伯
严重受伤；光阴并未荒废，一个重要的转折
点——病床上威尔伯读书如饥似渴。

1. 曲棍球运动

莱特兄弟喜欢体育运动，尤其是威尔伯，非常喜欢冰上曲棍球运动。

曲棍球运动是使用带有弯头的曲棍通过集体配合射球入门得分的一种户外球类活动。

曲棍球是古老的运动项目之一，它的英文名字"hock-ey"来源于法文，意思是"牧羊人拐杖"。古代波斯人最早用棍打球比赛，后来传到希腊和罗马。在雅典，一座由泰米斯托柯勒斯（公元前514年—公元前449年）建造的建筑物墙壁上有一幅浮雕，上面有六个青年参加类似曲棍球比赛的图像，显示出双方队员在比赛中争球的场景。中国古代也有类似曲棍球活动的记载，唐代称为"步打球"，北宋称为

"步击"。

1875 年， 在英国开始有了现代曲棍球运动。 当时规定在距最近的球门柱 13.716 米以外不得射门， 因而划分出了一个射门半圆区。 1883 年温布尔顿俱乐部成立后， 画出了比赛场地各区的界线， 并开始使用线缠的球和白蜡球棍。 不久后曲棍球协会也在伦敦成立。 其比赛规则有严格的规定， 曲棍球是两队各出 11 人在长方形的场地上进行比赛的。 全场比赛时间为 70 分钟， 分上下两半场， 中间休息 5—10 分钟， 比赛以双方进球多少来决定胜负， 而其战术类似足球。 曲棍球运动一经兴起， 就迅速传到美国， 并在美国得到普及。 1908 年， 曲棍球被列入奥运会比赛项目。

曲棍球还分草地曲棍球和冰上曲棍球。 冰上曲棍球运动主要在英、 美一些国家流行。 冰上曲棍球是在结冰的地面或溜冰场上进行的比赛， 每个队 6 人， 比赛时间分 3 节， 每节 20 分钟， 节与节之间休息 10 分钟。 由于这种运动速度快、 对抗性强、 激烈程度高， 攻防技术要求也高， 如善于运用手和球拍停球， 在复杂的比赛情况下和高速移动中准确传球、 巧妙过人及阻挡、 准确而有力地射门等。 所以， 这种运动有助于培养勇敢、 坚毅、 机智、 果断等素质和强壮的体质。 为此， 年轻人很喜欢这种很具刺激性的运动。

1885 年， 由于工作的变动， 莱特一家又搬回迪顿镇的荷松街。 由于老大路易、 老二罗林又到外地求学了， 所以家里仍然只剩威尔伯、奥维尔和凯特三个孩子。这时，威尔伯已经18岁，奥维尔14岁，凯特也11岁了。威尔伯和奥维尔经常到卡莫基先生那里弄来一些旧轮胎、机械、车轮等东西，然后把这些被别人视为废品的东西制造成各种用具。这些东西，大多是由奥维尔出主意，威尔伯根据弟弟的想象画出图纸，然后再按图纸制造或改装。他们还把这些制成品以低廉的价格卖出去，莱特兄弟也由此攒了一些钱，并用这些钱买来新材料，以制造更好的东西。

兄弟两人爱好体育，喜欢体育运动，经常进行一些户外田径、球类训练。威尔伯尤其喜欢冰上曲棍球运动。

光阴似箭，转眼间，威尔伯已是高中生了。威尔伯学习很努力，一心想进入耶鲁大学就读。威尔伯有一个倔强的性格，只要是他所希望得到的，总会有办法如愿以偿的。母亲也了解这一点。尽管父亲薪水很少，没有多余的钱供威尔伯上学，但父母已经答应，想办法让威尔伯实现自己的理想。然而，事出意外，一件不幸的事情发生了，威尔伯在进行冰上曲棍球训练时，被对方球员严重打伤，上大学的理想终于破灭。这是威尔伯最感痛苦的事。

事情的经过是这样的，学校成立了冰上曲棍球队，并准备和别的学校比赛。威尔伯技术很好，是校曲棍球队的选手。他天天训练，准备和另一个学校比赛。他很着迷，甚至在走路时还在琢磨着比赛时的各种技术要求。

　　校方决定在赛前进行一次模拟演习。所谓模拟演习，就是把自己的队员分成两个部分，一部分代表自己的球队，一切技术攻防等都要最大限度地把自己的特色发挥出来，另一部分队员则扮演将要和自己比赛的学校的队员角色，一切技术攻防风格都要按照另一学校的实际情况进行。这实际上是一种实战演习，为的是发现问题，早作补救，以防到时遇到问题束手无策。

　　没想到，在这次实战演习中，威尔伯却严重受伤。这次实战演习校方极为重视，要求队员要像正式比赛那样对待它，各位球员都做了详细而认真的准备。哨声一响，比赛开始了。两队的队员都使出了浑身的解数。由于竞争激烈，速度极快，在纠缠争斗中，对方的一位队员，不慎失手把球棒击中了威尔伯的前齿。这冷不防的重重一击，再加上速滑的惯性，威尔伯前面的牙齿全部被击落，使得威尔伯当场栽倒，鲜血从鼻子和嘴里直往外流。这可把人们吓坏了，尤其是教练慌了手脚。在教练的指挥下，人们迅速把威尔伯送到学校医务室去抢救，经抢救，没有生命危险了，但伤势却很严重，短期内是不可能恢复的。

　　上大学是威尔伯的理想，为了上大学他刻苦读书，但现在的情况使他不得不休学，为了养伤，威尔伯只好忍痛休学在家。由于伤势严重，前面的牙齿全部掉了，差不多有一个多月的时间，只能靠管子输送一点稀汤类的东西或者流质的食物。 因为吃不了硬东西， 又不能活动， 身体逐渐衰弱下去。

这次重伤对威尔伯打击非常大， 不仅上大学成为泡影， 而且得忍受身体的痛苦。 一度， 威尔伯在病床上很伤心很失望。 但是， 威尔伯就是威尔伯， 很快他就平静下来， 面对现实， 忍受了别人难以想象的痛苦。

2. 利用病休， 大量地阅读科学书籍

有很长一段时间威尔伯只能卧床休养， 但他并没有虚度光阴。 他利用病休， 除了复习学校的功课外， 大量地阅读各种科学书籍和报纸杂志。 在这段休养期间， 不但学业没有荒废， 还增加了很多科学的新知识。 从前他只是喜欢制造， 只是凭借着自己的聪明才智去摸索， 没有科学意识， 更不知道任何事物都有其规律可循。 现在他利用病休， 把这个缺陷给填补了， 这就为后来发明飞机奠定了理论基础。

威尔伯让父亲给他找来各种科学方面的书籍。 米尔顿在外传教多年， 不仅自己见识广， 知识渊博， 而且结交了不少各界朋友， 他利用自己工作的方便， 从各界朋友那里借来有关科学方面的许多报纸、 杂志和书籍。 威尔伯还根据自己了解的情况， 向有关学者和机构写信求助， 让他们寄书或回答问题， 不懂就虚心学习、 请教。 他还让奥维尔向老师借

阅书籍，并代为请教。

就这样，威尔伯在病床上如饥似渴地阅读了大量的有关科学方面的书籍。据后来奥维尔回忆说，当时，威尔伯抓紧一切时间尽可能地多读书，有时竟忘了病痛，忘记吃饭和休息。有一次，威尔伯拿着一本书想一口气读完，叫他吃饭，他根本没有听见，母亲看到他那样如痴如醉，也就没有再打扰他。奥维尔站在哥哥床边，听见哥哥大声说"我明白了"，由于太兴奋，忘记了自己是病人，口一张一合，竟把他疼得大叫一声："哎哟，疼死我了!"奥维尔认为，威尔伯正是在这段时间，把科学知识上的空白填补了，后来才比较顺利地发明了飞机。奥维尔还盛赞当时各方面的帮助，说给学者写出去的信，不管问题提得多么简单、可笑，一般都有答复；不管索要什么材料，只要对方能够找到，都还是热情帮助的。奥维尔回忆说，哥哥威尔伯曾说过，正是在各方面友好人士的鼓励和无私帮助下，才坚定了他读书的信心和更远大的志向，立志要为人类做更大的发明。

3．亲密无间的好兄弟

威尔伯严重受伤，对奥维尔也是一个沉重的打击。

威尔伯和奥维尔从小在一起，互相帮助，互相关心，从没有发生过争斗，就是犯了错误，也决不互相推诿，而是争着承担责任。威尔伯哥哥受伤了，而且伤势严重，由于吃不了东西，身体日渐消瘦，这使奥维尔心里很难过，他恨不得受伤的是自己。

奥维尔聪明好动，思维敏捷，并且是个急性子，做什么事都很快，但是思考往往不周密。可是哥哥威尔伯的性格却与弟弟奥维尔相反，做起事来既深思熟虑，又有毅力，总是一步一个脚印地做下去，不怕失败，只要认准了，不会回头。也正因为两个人这种不同性格互相补充，后来才制造出了飞机。

在上学的时候，威尔伯没有时间和弟弟在一起，只有星期天，兄弟俩才能在一起玩，在一起制造自己喜欢的东西。现在威尔伯哥哥受了重伤，得很长一段时间不能在一块制造东西了。

母亲身体一直不好，平常的家务，不少是靠兄弟俩去做的。现在可不同了，奥维尔一方面得干家务，另一方面还得照料躺在病床上的哥哥。不管多忙，奥维尔总是精神抖擞，为的是以此感染哥哥，使威尔伯的身体早点复原。

奥维尔还想方设法增加哥哥的营养，出去弄来一些新鲜的东西，让妈妈做好再端到哥哥面前。有一次，他为了能买到新鲜的蔬菜和肉，几乎跑遍了迪顿镇的各个角落。每当他实现了自己的想法，心里就特别高兴。

　　奥维尔还把自己在哥哥病重时做的各种东西拿到哥哥面前，让哥哥评价一番，然后提出改进意见。一天，他从仓库里拿出一架旧的小型印刷机，计划和小朋友们一起在自己的学校开设一个印刷所，地点选择在学校的实验室。他想给同学们印些名片，或者印刷些俱乐部用的请帖等来挣一些钱，用来买材料和给哥哥买一些好吃的东西。

　　奥维尔对哥哥说："哥哥，如果你的身体觉得好些，请帮我看看这印刷机，这样使用可以吗？"

　　威尔伯拿起印刷机端详着："我看看怎么样，嗯，这架印刷机老掉牙了，不过，等一等，把这个螺丝再紧一下看看怎么样。那样的话，印刷的时候就不用使那么大的劲了。"

　　"是啊，真像哥哥说的那样，那个螺丝要拧紧才行的呀。"

　　哥哥威尔伯嘱咐的事，奥维尔总是相信的，并且马上实行。

　　威尔伯还建议奥维尔，不要只想着印名片，也可办报纸，办班级报纸。奥维尔听从了哥哥的吩咐，决定和同学们一道印刷发行班级报纸。

　　奥维尔还动员父亲米尔顿撰稿，把有教育意义的东西写出来，印刷出来，分发给人们。所以，奥维尔的印刷所一开业就大受欢迎，班级小报不仅在班里，在学校也得到好评。

威尔伯看到奥维尔取得的成绩很高兴， 病情也在一天天好转。

奥维尔看到哥哥病情好转， 就陪着哥哥到外边走走， 呼吸新鲜空气。 他们还经常到放风筝的地方去聊天、 谈心。在全家人的照料下， 威尔伯在经过近半年的磨难之后， 终于恢复了健康。

六

父亲说："嗬，这真方便。你们俩是参考什么做出来的呢？"奥维尔大声说："没有什么样本，是我和哥哥在脑袋里想出来的机器，所以我们特别高兴。"人们赞誉兄弟俩"不简单""了不起"。莱特兄弟从此走上发明路。

1. 制造报纸折叠机

在全家人的照料和关怀下，威尔伯的身体终于复原了。由于长时间休学影响了学业，威尔伯决定从高中退学，走自学之路，他认为，眼下得找份工作才行。

威尔伯觉得虽然身体逐渐好起来，但还不够结实，太累的活是不能够做的，要找一份较轻的活干才行。不久，威尔伯就找到了一份工作，这份工作就是到附近的食品店去干一些杂活，他干了几个月，感到不适应，就不干了。随后，又找了几份工作，但都不适应，有的是身体不适应，有的是心理不适应。 威尔伯只好在家看书， 心里总是不高兴。

看到威尔伯这个样子， 有一天， 父亲米尔顿建议说："威尔伯， 你不必烦心， 你就在家帮助爸爸干点事吧。 教会的工作可真够忙的， 有时我简直不知怎么应付！"

父亲的建议不仅仅是出于对威尔伯的安慰， 因为父亲的工作确实很忙， 他那里的人手不够， 正在发愁， 已准备找人来帮忙。 父亲认为， 威尔伯现在没有工作， 闲在家里， 这时来教会帮忙正合适。

父亲工作的重要内容之一， 就是先写好宣传性的文字， 再印刷成报纸， 然后把报纸送到人们家里去。

"这工作可真够忙的呀！"

威尔伯经父亲这么一介绍， 非常吃惊。 父亲每星期一次， 要把成千上万份的报纸折叠起来， 用带状的封皮包裹好， 随后写上地址、 人名， 然后再按地址、 人名分送出去。 这种工作是非常繁重的， 仅折叠报纸这一环节， 也需要不少时间。 威尔伯有感于此， 在一天吃晚饭的时候， 就向爸爸说："爸爸， 要是有架折叠报纸的机器， 那该多么方便。 它不仅能节省时间， 而且还能降低劳动强度。"

奥维尔在旁边也听到哥哥的话， 他闪烁着惊异的目光， 赶快问道： "折叠报纸的机器？ 哥哥， 那是什么样的机器呀， 它有手吗？"

　　父亲听了奥维尔的话，哈哈笑了起来："一听说机器，奥维尔马上就有精神啦！你对机器还真有兴趣哩。"

　　米尔顿稍微停顿了一下，又继续往下说，但这次非常严肃："正像威尔伯说的那样，要是真有折叠报纸的机器，那该多么省力省时呀，但是，要发明一个报纸折叠机却是很困难的。你们俩发明一个看看，怎么样？我对你们充满了信心！"

　　父亲的话激起了奥维尔的极大兴趣，他马上拍着手询问哥哥道："哥哥，咱们来试试看，行吗？"

　　威尔伯当然同意，但看着奥维尔兴奋的样子，却故意开玩笑地说："我看不行，制造报纸折叠机，可不像从前做陀螺、雪橇那么简单。依我看，就算了。"

　　奥维尔一听哥哥的话，呆住了。他不敢相信自己的耳朵，因为他从来没有听哥哥说过这类丧气话。

　　父亲和威尔伯看着奥维尔，都哈哈笑了。这时，奥维尔才明白，原来哥哥是逗自己玩的。

　　兄弟俩跟从前一样，首先仔细考虑、认真研究一番，再在纸上画出要制造的机器的结构图来。

　　他们要制造一架报纸折叠机，倒不是要制造一架全新的机器，而是从实际条件出发，根据情况，取材于自己小仓库里收集来的东西。他们把仓库里的破旧机器检查一遍，把能用的东西尽可能地组合起来，再根据图纸改造、制作。

　　他们试制了一次又一次，图纸画了一张又一张，但总是不合适。他们不断地试制，不断地画图纸。虽然尝试了很多次都没有成功，但每一次都有收获，每多试验一次、多画一张图纸，就向成功走近了一步。他们经过不断的努力，多次制作、商量、改进，报纸折叠机终于被制造出来了。

　　威尔伯向父亲介绍机器的情况："报纸折叠机制造出来了，虽然这种机器噪声很大，而且凭我们现有的机器零件很难改进，但它可以使用。用了它就比用手折叠要快多了，效率可提高三倍以上，并且省力多了。"

　　威尔伯说着，就拿起一张报纸当场操作示范。他把一张报纸放到机器上，啪嗒一踩脚踏板，"嘎啦嘎啦，砰噔！"随着机器发出一串声音，那报纸就被折叠起来，从另一个口，"唰"地一下就出来了。

　　"嗬，这真方便。你们俩是参考什么做出来的呢？"

　　父亲的话音还没有落，奥维尔就大声说道："没有什么样本，是我和哥哥两人在脑袋里想出来的机器，所以我们特别高兴。"

　　"爸爸，像奥维尔说的那样。我们没有什么样本可参考，是我们思考、画图纸，然后试验操作，才最后制造成的。制造的成功，使我们对于发明有了更大的信心。"威尔伯接过弟弟的话说。

　　现在看来，这种东西很简单，并且早已不再使用，已被更先进的现代化工具所代替， 但在当时的条件下， 没有什么样本可供参考， 莱特兄弟在这样小的年纪， 凭借自己的兴趣和聪明才智制造出一架报纸折叠机， 更显得难能可贵。

爸爸听了兄弟俩的话很激动， 他高兴地说:"你们真了不起。 这样的才能， 爸爸真是望尘莫及。 我是个牧师， 虽然也爱制作木器家具， 但不会制造机器。 你们是从哪里学来的?"

"是妈妈呀， 是妈妈教我们画图纸的。"

兄弟俩几乎是同时， 对爸爸讲出了心里话。

"哦! 原来得自妈妈的教导。 妈妈真了不起。" 父亲开着玩笑， 用手搔着头。

母亲在旁边看着这父子三个， 也高兴地笑了。

2. 自制印刷机， 创办《迪顿周报》

父亲在报纸折叠机的帮助下， 工作效率大大提高。 帮助父亲工作的威尔伯也基本上恢复了健康， 业务也熟悉了， 工作干得也很利索， 因而空余时间也就大大增多。 这使奥维尔非常高兴， 他认为， 这样就有时间和机会跟哥哥在一块搞发明了。

在一天晚饭后， 兄弟俩到郊外散步。 突然奥维尔站在那里， 停止了说话， 两只眼睛盯着哥哥看， 突发奇想地说:

"哥哥，我们来办一份迪顿镇的报纸好不好？"

"办报纸？"这个提议使威尔伯有点吃惊。

奥维尔解释说："哥哥，你忘记了。就在你有病的时候，我还请求你检查过印刷机。我在学校办过班级报纸，还负责编辑校刊，每周出一次。所以，在这方面我已经有了一些经验，办一份较大的报纸应该是不成问题的。"

奥维尔所办的班级小报，由于信息量大，还得到学校好评，但由于后来收不到稿件，就没法继续出版了。奥维尔终于停办了班级小报。

威尔伯想到这里，转身对弟弟说："你说得没错，是有这么回事。你也积累了一些宝贵的经验，但是要办一份迪顿镇的报纸可并不像办一张班级小报那样简单，至少要有一部印刷机才行啊！"

奥维尔听了哥哥的话，满怀信心地说："哥哥，我已经想过了，我们可以自己动手，尝试做一部印刷机，你看有没有把握？"

威尔伯也非常喜欢制造，工作上已经熟练，也有时间搞制造，他也满怀信心地说："是的，如果真想办报纸，就必须有一部印刷机，既然我们买不起，那就自己动手试着做一部印刷机好了。"威尔伯说，"在我们动手制作以前，我们最好到印刷厂去观摩一番，看看它的构造，再根据咱们的现有材料，画图纸，最后制造。绝对不能胡乱拼凑，你说是不是?"

莱特兄弟还把这种想法告诉了父亲，征询父亲的意见。米尔顿当时兼任教会里一份报纸的编辑，他根据自己的体会，告诫他们办报纸是比较困难的。但如果兄弟俩主意已定，那就办吧，他是支持的，并带着兄弟俩到教会的印刷厂去观摩。

当时迪顿镇还没有大的印刷厂，只有像教会那样的小印刷厂。在一个星期天的早晨，莱特兄弟俩带点干粮就出发了，目的地是距迪顿镇30里以外的一家大的印刷厂，他们希望到那里进行仔细观摩。当看门人搞清楚两兄弟的来意后，看他们很辛苦和执着，就热情地接待了他们，带他们到工厂去看印刷机，并且让他们观看了各工序的流水作业，工人还认真地解答了两兄弟的各种问题。兄弟俩一看就着了迷，他们到了从未到过的世界，所以一看就忘了时间，一出工厂，太阳都落山了，但兄弟俩是高兴的。他们边走边谈，一个大胆的计划已经形成。由于兴奋，兄弟俩并没有觉得回家的路很远，当他们一进迪顿镇就加快了脚步，到家看到妈妈正站在院门口。

"妈妈，我们回来了。对不起，让您担心了!"

按计划，威尔伯在工作外的空闲时间开始收集破烂机器，奥维尔也在到处转悠，希望能多弄点需要的材料回来。这样，不几天就使地方不很大的小仓库堆得连下脚的地方都没有了。 兄弟两个一有空闲就会跑到仓库里去， 甚至夜已经很深了， 仓库里还传出"咚咚""当当" 的声音。 两个人正按照着自己画的图纸， 在琢磨、 拣挑可利用的东西。 已经被扔了的废品， 在莱特兄弟眼里， 并不都是不中用的。 他们把齿轮和皮带之类还能用的部件都收集起来， 再组装在一起， 就变成了好机器。 经过莱特兄弟一加工， 奇迹就会出现， 美妙的东西就会诞生。

很快， 一部印刷机做成了， 不过它是一部较大的简陋的印刷机。 说起来， 也真是简陋不堪。 首先他们找来一块较大的石板， 又从自己小仓库里找来一根铁滚轴和一些辅助用品， 然后再从教会的印刷厂找来一些旧的铅字。 他们先把滚轴和石板用砂纸等东西打磨光滑， 在滚轴的两端各安上一个杠杆， 然后再把纸张平叠在石板上， 只要排好铅字， 在滚轴上涂以油墨， 兄弟俩各执滚轴一端的杠杆柄， 转动起来， 就可以印出字迹分明的报纸。 这机器噪声太大， 只要一开始工作， 机器就会发出"嘎啦嘎啦、 砰噔" 的响声来， 旁边的人都想把耳朵用棉花塞起来， 但它却能在一个小时内印刷1500 张左右的报纸。 这真不简单， 在那样的条件下， 他们发挥了自己的聪明才智， 又一次成功了。

自制印刷机做成了， 那么报纸的名称怎么定， 两个兄弟开始商量这个问题。 莱特一家居住的迪顿镇， 位于美国的西部， 那时这一带虽然有不少小报， 但还没有较好的报纸，所以奥维尔认为把报纸命名为《西部新闻》最好，以扩大影响。但威尔伯却认为，那样范围太大，他们的力量是达不到的，而且也没有时间，他们现在还只能在业余时间进行工作，报纸还不能出得太勤，再则也很难在很短的时间内采访到大量的新闻。所以，他认为，最好把报纸的名字命名为《迪顿周报》。奥维尔也同意哥哥的意见。就这样，《迪顿周报》的名字被确定下来。这个周报，是刊登迪顿镇的各种事件和新闻的全镇性周报，主要是为迪顿镇居民服务的。

他们租下一间破旧的仓库作为社址。威尔伯自任社长，奥维尔任副社长。兄弟俩忙碌了很久，费尽心机筹办的报纸，终于在一个星期天的下午和迪顿镇的居民见面了。

"最新消息，新发行的《迪顿周报》有最新消息。一分钱一份，可以看到最新消息。"威尔伯和奥维尔亲自走上街头，高声叫卖道。

3. 身兼多职，辛勤劳动的莱特兄弟

一天，威尔伯在劳动之余休息的时候，幽默地说："好了，我是社长兼主编，又兼厂长啦。奥维尔是副社长兼营业部主任，社里的职员有一个人就行。奥维尔，最好是找你的同学来干。如果不行的话，咱们就自己兼起职员吧！这样咱们不就有两个职员了！"

实际上，在《迪顿周报》创刊的初期，报社里也只有莱特兄弟两人。兄弟俩工作的繁重是可想而知的，他们确实是一身兼多职的。

当时，迪顿镇的小报有四五种，但都文字粗俗，错误很多，漏洞百出，刊登的消息过时或不健康，引不起人们的注意。

现在却不同了，人们都对莱特兄弟抱有好感，早已听说莱特兄弟要办报纸，而且要创办较大型的、水平较高的报纸，人们正翘首等待着。听到兄弟俩亲自拿着创刊号在街上叫卖，人们都纷纷走出来，买一份瞧瞧，先睹为快。

人们七嘴八舌，都在高兴地议论着：

"呵呵，这就是牧师先生那两个古怪的小子出版的报纸呀！"

"你看看，布朗先生家的母鸡创造了下蛋的新纪录！"

"嗯，真有意思，真了不起！"

"咦，珍妮真的嫁给强森了，真是没有想到！"

"瞧，吉姆家里养的一头猪，生了一头五条腿的小猪，怪事！怪事！"

"不好，约翰家的奶牛得了传染病，两天之内就死了四头！"

"噢，布莱顿家因为小孩撕破一件衣服，两口打架，小孩出走！"

"报上还说镇长的女儿得了百日咳了，但愿她早点康复!"

…………

凡是读了《迪顿周报》的人，都夸奖这份周报办得好。《迪顿周报》声誉日起，商店委托登载的广告也日益增多，每月预订周报的人也大量增加。为此，他们就雇用了几个报童。

生意好了，当然办报就顺利多了。但在办这样的大报之初，莱特兄弟不仅经验少，人手不够，而且资金缺乏，连基本的设备、必需品都没钱买。当然，这时给他们以巨大帮助的仍然是父亲和母亲。父亲和母亲不仅在精神上支持、鼓励兄弟俩把工作干好，而且资助他们部分资金，使他们能够开张并干下去。

"威尔伯、奥维尔，父亲不在家，他委托我把这点钱交给你们。虽然钱很少，但这是我们捐给报社的钱，希望你们俩齐心协力把报社好好地办下去。有什么困难，找我们商量，我和父亲一定会支持你们的!"

妈妈这些热情的鼓励话，感动得兄弟俩心里热乎乎的，虽然母亲给的钱说是捐款，但实际上是借来的，家里经济也很紧张。所以他们决心尽快赚回钱来，还清爸爸妈妈的钱，还能帮助家里填补一些支出的亏空。

威尔伯和奥维尔除了印刷报纸、分发报纸外，还得不辞辛苦分头出去采访，采访不仅费时，而且费力。有些人观念较新，很乐意给你提供素材，而有些人则思想保守，常常采取不合作的态度，从而使采访很被动。尽管如此，他们还是最大限度地发挥自己的聪明才智，采集到大量的新信息，诸如，某家马厩失火；某人和太太吵架后，太太投河自尽；某校与某校将于某日举行曲棍球比赛；某村发现鸡瘟、牛瘟，并提醒人们赶快请兽医预防；冬天来了，天气干燥，防火重要，等等。《迪顿周报》包罗万象，品位很高，深受小镇居民的欢迎。没多久，由莱特兄弟俩创办的这份报纸，就成为迪顿镇居民不可缺少的精神食粮，人们每周都迫不及待地盼望阅读到它。

自从办报以来，也真够兄弟俩忙的了。印刷机那根铁滚轴实在太重，兄弟俩从开始印刷的时候，就感到十分吃力，认为长此下去，体力上是绝对负担不了的。为此，兄弟俩就决心多雇几名职员，并对机器进行改进。

4. 努力改进设备

莱特兄弟俩最乐意干的事就是搞创造发明，并对自己发明创造的东西进行不断的改进。

兄弟俩工作量实在太大，尽管威尔伯辞去了在教会的工作，专门从事报社的工作，但仍感力不从心。随着报社业务的扩展，兄弟俩深感体力和精力的不济，于是兄弟俩第一件事就是商量如何招聘帮手。招聘帮手在当时并不难，但要招几个得心应手、有知识的好帮手却并不是件容易的事。在招收职员方面，两个小兄弟又没有经验，为防止错误发生，威尔伯建议，还是让奥维尔介绍自己的同学到报社工作。这样比较放心，即使招不成全日制职工，也可多找几个临时工来帮忙。

奥维尔听从了哥哥的建议，就找了几个自己认为很满意的同学来报社帮忙。这些同学，每天放学后就到报社来干两个小时的活。这种活当然是有报酬的，只是工资不太高，但这对一个中学生来说却是很重要的。中学生在工作中不仅得到了锻炼，增加了实践知识，从劳动中得到了快乐，而且能挣到一笔钱，去干自己想干的事、买自己想买的玩具等。

帮手找到了，虽然是一天只干两个小时，但这对莱特兄弟俩来说，可解决了大问题。这些青年学生，经过一段时间的训练实践，都可以熟练地操作机器了，甚至一些技术性较强的工作也能让他们去干了。这就使兄弟俩能够专门从事采集新闻、编辑等工作，大大地提高了工作效率。

兄弟俩的采访总是分头进行的，也只有这样，才能提高工作效率，扩大采访面。有一次，奥维尔一大早就出发，步行30多里到一个山村去采访，可是当地由于消息闭塞，居民很保守，不愿意把当地的一些事情告诉他。奥维尔费尽了口舌，到下午了还是一无所获。最后他碰见了一个小孩，小孩才告诉他。当地人很少和外地人往来，特别是今年从外地买来的稻种全是假的，结果一季无收成，这件事使本来就保守的人们更厌恶外地人。奥维尔这时才意识到，自己到处吃闭门羹、不被信任的原因，但他还是高兴的，毕竟采访到了假种子坑害农人的大新闻。当他往家赶的时候，不巧天下起大雨，他没有备雨具，只好淋着雨一脚深一脚浅地往家赶。当他回到家时，已是夜里 12 点了。第二天，奥维尔就患了感冒。

采访就是这样，是非常辛苦的，如果没有毅力，是很难坚持下去的。莱特兄弟坚持下来了，而且越干越有劲。

帮手找到后，莱特兄弟认为，他们的第二件工作，也是最重要的工作，就是改进设备。改造机器是比较困难的，好在两兄弟在机械方面的知识极为丰富。穷则变，变则通。过强的体力劳动迫使他们改进机器，以减轻体力劳动的强度。

他们首先在滚轴的一端装上一个踩板式的滑车装置，只要用脚一踩，滚轴就会自动滚一次，这样一来，可就省力得多了。

莱特兄弟俩并不满足，他们又继续研究和改良。经过多次试验、拆换、打磨，一年以后，两兄弟居然设计了一架理想的印刷机。 这架印刷机， 只要用脚踩一次， 滚轴就会从纸上滚过去， 而且可以换上另外一张纸， 不再需要另一个人在旁边专管换纸。 这样， 一个人就可以操作了， 这真是向前迈进了一大步。

这时的莱特兄弟， 已经很不简单了。 一来由于他们一向聪明敏捷， 善于思考； 二来也因为他们读书较多， 已经能够把书本上的知识， 应用到实际的事务上， 他们已经懂得知识必须和经验、 实践结合起来的科学道理了。

报纸水平高， 销路好， 客户大量增加， 广告也日益增多， 这也使他们赚了不少的钱。 由于业务迅速扩展， 只靠几个临时帮手还不够， 妹妹凯特和邻居家的爱德， 也常常来帮忙。《迪顿周报》 搞得有声有色， 影响也越来越大， 甚至还引起当地政府、 大报社的注意。

一天， 有一位穿着西装的中年男子来到了他们的报社。这人看上去很有学问， 也很友善。

兄弟俩正在忙碌着， 看到有陌生人来到， 马上丢开手中的工作， 笑着迎上去很有礼貌地说："先生， 谢谢光临， 请问您有何贵干？"

"我看到你们印刷的《迪顿周报》 了， 确实不错， 很有特色。 我原以为是个大报社， 没有想到在这样一个简陋的地方， 并且是两位年轻人在运作。 真是不简单！"

来人稍微停顿一下， 接着又说道："听说你们把自制的印刷机又改良了， 它是什么样子的， 我想参观一下， 可以吗?”

“欢迎， 欢迎， 非常欢迎。 还请多多指教。”

那位陌生的男子， 跟着莱特兄弟走到印刷机旁。 威尔伯一边解释， 一边亲自操作给他看。

陌生人两耳听着， 两只眼睛对着印刷机上下端详着， 不住地点头夸奖说:“确实不错! 了不起!”

陌生人嘴上夸奖着， 心里也在暗暗佩服， 看不出这两个年轻人， 虽然是印刷的外行， 却有这么大的能耐， 又设计了一种新的一个人可以操作的半自动机器， 真是后生可畏!

威尔伯估计， 来人必定是一位行家里手， 否则他是不会有这样的见解和赞誉的。 得到赞誉， 固然值得高兴， 但不能自满。 如果能得到他的指教， 那对印刷机的改进将会有重大帮助， 应该趁此机会向他请教。

想到这里， 威尔伯就谦逊地说:“我们兄弟俩都是门外汉， 承蒙夸奖， 实在惭愧! 还请多多指教才是!”

威尔伯略作停顿， 又满脸笑容地说:“还没有请教阁下是……”

“哦， 对不起， 忘记了自我介绍， 我是《迪顿邮报》的印刷部主任。”

“原来是主任大驾光临， 不胜荣幸! 以后讨教的机会正多。 如不见外， 还请多多莅临指教。” 奥维尔也很有礼貌地表示。

"不必客气。"《迪顿邮报》的印刷部主任这样说着，又一眼瞥见不远处的另一架机器，并且显示了很大的兴趣。那是一个在平台两侧装置了两根木条，依靠齿轮使滚木转动的简单装置，是用来折叠报纸的。这比上次给父亲制造的那架报纸折叠机简单多了。

兄弟俩没有想到这架简单的机械，却引起了客人的注意，他们大感意外。于是威尔伯不好意思地说："那是用来折叠报纸的，只要用手一摇，它便能够转动。我们做得很粗劣简单，见笑了。"说着，他还亲自操作一番。果然，只需要一摇把手，两侧的木条就会自动地把报纸一张一张地折叠起来，比起人工折叠来，节省了不少时间和气力。

客人以惊异的目光注视了很久，只听他自言自语地说："哦，原来如此！没想到。"

《迪顿邮报》是大报，却还没有这种自动折叠报纸的装置，无怪乎他惊奇了。

"这是你们兄弟俩发明的吗？"客人以惊疑的口气询问。

"我们工作很忙，人手不够，为了节省人力和时间，偶尔想起来的东西，可能缺点很多，请不吝指教。"奥维尔很诚恳地回答了客人的提问。

"不客气。你们的聪明才智和创造发明，令人吃惊，可钦可佩。我想，你们如果再努力研究一下，把这种报纸折叠机稍加改良，各报社都会采用的。 祝你们成功！"

客人走了，兄弟俩却看着自己制作的报纸折叠机陷入了沉思。

七

慈母患病，忙坏了莱特兄弟；母亲病逝时，对两兄弟说："一切要以服务民众为第一要义，待人要诚挚，兄弟要永远和睦，相亲相爱！"兄弟俩永记母亲的教诲。

1. 孝顺的莱特兄弟

莱特一家，由于父亲米尔顿工作的需要，经常搬迁。繁重的家务都落到了母亲凯塞琳一人身上，母亲的身体本来就比较弱，加上过重的家务负担、长期的操劳，日渐消瘦了。

莱特兄弟从小就很懂事，尽量帮助母亲干家务，并注意不给母亲添麻烦。母亲有时一病就是十天半月，每当这时候，莱特兄弟都忙得不可开交：他们既要搞好自己的学习，还要干家务活，还要照料母亲和小妹妹凯特。

母亲又一次病倒了。

兄弟俩商量着要改善一下母亲的饮食，给她补补身子，好早一点康复。

　　一天，奥维尔端着一个热气腾腾的大碗，走到妈妈的床前："妈妈，妈妈！哥哥今天给您做好吃的了，您可一定要多吃点啊！"

　　妈妈已经闻到了鸡肉的香味，她接过碗，放在桌子上，眼里挂着高兴的泪花说："好孩子，谢谢，真是难为你们了。这是从哪里弄来的鸡呀？"

　　奥维尔望着妈妈的脸说："我们看着您日益消瘦的身体，心里很难过，真希望您能早点康复，可我们没有什么好办法。我们商量着要给您弄点好吃的，补补身子，哥哥就去邻居家买了一只鸡来。"

　　"威尔伯呢？"

　　"他带着妹妹去镇东头给您请医生了。"

　　莱特兄弟是多么孝顺啊！但不幸的事情接踵而至：威尔伯受伤不久，妈妈又患上了肺结核，这段时间，可把奥维尔和凯特忙坏了，尤其是奥维尔，里里外外的活他都得干。好在奥维尔身体好，精力旺盛，加上妹妹帮忙操持家务，照顾病人，日子在紧张中还得以维持。当威尔伯的伤一天天好转时，他就经常去服侍病弱的母亲，并帮助奥维尔和凯特干家务。兄妹三人操持家务、照顾母亲尽心尽力，不仅使母亲深深感动，而且使街坊邻里赞叹不已。

　　当威尔伯的伤势痊愈、身体恢复健康时，他就和奥维尔商量，要将家里的环境改善一下以利于妈妈养病，使其早日恢复健康。他们先把杂物堆放到一处，再将一些暂时不用的东西放到一边，并将家具调换一下位置。经过他俩的一番劳动，家中的空地方大多了，而且空气畅通。

但威尔伯仍觉得不满意，在一天晚上吃饭时，他对奥维尔说："妈妈需要在一个空气新鲜、阳光充足的地方养病。虽然现在的房间干净、卫生，空气也畅通，但是没有阳光，比较阴暗，我想把后院厢房朝南的一面，加盖一个比较宽的走廊，好让妈妈白天躺在那里休息，那里阳光充足，是养病的理想环境。这样，妈妈的身体就会好得快一点。"

"好主意！我们马上就动手！"急性子的奥维尔催着威尔伯说，"你先画好图纸，越快越好，我这就去准备材料。"

在他们俩的通力合作下，一个宽敞、明亮、美观的走廊很快就盖好了。兄弟俩还在走廊两侧及前面种上各种花草，栽上小树苗。他们想尽最大努力给母亲营造一个赏心悦目的环境。

2. 慈母病逝

威尔伯和奥维尔苦心经营的报社日益兴隆，当他们手中已有些积蓄，可以喘口气的时候，母亲的病却日益严重了。

他们母亲患的是肺结核病，在现在看来不算什么严重的病，但在当时却无药能医，全凭自身的抵抗力。可凯塞琳的身体本来就虚弱，哪能抵抗得了这种病呢？

母亲经常发高烧，醒来时总是浑身直冒冷汗，而且咳嗽呕吐不止，常咯出血丝血块来。她面色蜡黄，毫无食欲，这使得莱特兄妹很伤心。

米尔顿望着患了绝症的妻子，心如刀绞，但除了为她祈祷外，他也一筹莫展，眼睁睁地看着妻子一天天地向死神走近。

一天，母亲感觉稍好点时，将威尔伯和奥维尔叫到床前，有气无力地说："孩子，你们已经长大成人，事业上也有不小的成就，但妈妈恐怕看不到你们将来更大的成就了，希望你们好好努力。"

歇了一会儿，母亲又拉住威尔伯的手说："奥维尔像我，对于工作容易操之过急；而你却像爸爸，性情稳重，能埋头苦干……"

母亲的话没说完就昏过去了，孩子们哭喊着、摇晃着他们的母亲……

母亲又一次微微地睁开了眼睛，她用尽了最后的力气说："你们要记住父亲的话，一切要以服务民众为第一要义，待人要诚挚，兄弟要永远和睦，相亲相爱！"

看着孩子们那悲痛欲绝的神情，她断断续续地说："孩子，别难过！人终究……是要死的，只要……你们争气，我……也就……死而无……憾了。"

暮色笼罩了大地。 母亲在家人的环绕中， 在孩子们的喊
声中， 终于抛下丈夫和孩子们， 永远地告别了人世。

母亲去世的时间是 1889 年 7 月 4 日， 这正是美国独立纪
念日。 当全国都在喜气洋洋地欢度国庆时， 迪顿镇的莱特一
家却沉浸在悲痛之中。 丈夫失去了温柔、 贤惠的妻子， 孩
子们再也看不到仁慈、 善良的母亲了， 这是多大的不幸呀！

"别太难过了， 妈妈到上帝那里去了。" 作为牧师的父亲
领着孩子们到教堂去为他们的妈妈做祈祷。 一路上， 莱特兄
妹三人却怎么也忍不住自己的眼泪。

安葬母亲已经好多天了， 可孩子们仍然伤心不已。

一天， 作为兄长的威尔伯对奥维尔和凯特说："妈妈去世
了， 咱们都很伤心， 但是我们总不能什么也不干， 一直在
伤心啼哭中过下去吧？ 我想， 妈妈地下有知， 也会不高兴
的。 咱们的两位哥哥总在外地不能回家， 父亲也因为工作关
系经常在外， 这个家只有靠我们三人了， 我们要齐心协力干
下去， 活出个样子以告慰母亲。"

奥维尔接着哥哥的话说： "妈妈去世了。 我认真想过，
我不想再上学了， 我要全力以赴搞印刷业和周报的发行， 我
已 18 岁了， 应该能干好这些工作了。"

这时， 凯特也说话了："在莱特家， 女的就剩下我一个
人了。 今后妈妈的工作由我来代替。"

威尔伯同意了奥维尔的建议， 但反对凯特退学， 认为她还小， 应该继续读书。

时光在悄悄流逝， 岁月渐渐冲淡了孩子们的忧伤。 莱特兄弟终于打起精神， 开始了紧张的工作。

"哥哥， 世界文明发展得真快呀， 办起事来真的越来越方便了。" 奥维尔一边看着科学报道资料， 一边对威尔伯说，"在我们玩纸蝴蝶的时候， 法国人就开始使用电池和电动机， 把飞船送上天空了。 后来， 德国人又首先制造了摩托车。"

"是啊，" 威尔伯说，"两年前， 母亲去世时， 法国就有了装有汽油发动机的汽车。"

"我正想告诉你， 原来你已经知道了。"

兄弟俩互相望着， 都笑了起来。

一天， 威尔伯在门外大声叫喊："奥维尔！ 你在哪儿? 快来看呀!"

"怎么了， 哥哥? " 奥维尔急忙从屋里跑出来，"啊， 自行车!"

看到威尔伯推着一辆旧自行车， 奥维尔惊喜极了， 因为当时美国还没有汽车， 自行车也是刚出现不久。 这辆旧自行车， 是威尔伯跑了很远的路， 从其他地方买来的。 因为他们舍不得花钱买新的， 想弄辆旧车修理一下， 用它投递周报和印刷品。

莱特兄弟在人生的道路上一步一个脚印地前进着， 生活中的每一个变化都会给他们以创造的启迪和灵感。 有了一辆旧自行车， 下一步他们会干些什么呢?

3. 创办莱特自行车商店

母亲去世后， 大哥路易和二哥罗林先后大学毕业， 各自离家独立生活了， 妹妹凯特也进入了大学就读。 这样， 家里只剩下威尔伯、 奥维尔和父亲三个人了， 而父亲因工作关系又经常不在家， 所以， 家里实际上只有威尔伯和奥维尔兄弟俩。

为了摆脱寂寞， 莱特兄弟拼命地工作。 经过他们的努力，《迪顿周报》 质量不断改进， 内容充实， 印刷精美， 销路越来越好， 雇员也已增多， 规模不断扩大。 但兄弟俩总有一种有力无处使的感觉， 总想摆弄机器之类的东西， 总觉得能制造点什么东西才痛快。 当他们拥有了一辆自行车后， 新的想法就又产生了。

一天， 好友爱德推着车子来找莱特兄弟:"你们看， 我的自行车不知怎么回事， 链条总是掉， 刹车也失灵了， 根本就无法骑， 可我正好有急事， 你们帮我修修吧。"

"那你就骑我们那辆自行车去办事好了， 把你的车子放在这里， 让我瞧瞧是怎么回事。" 威尔伯说着就去拿工具动手修理车子。 他把车子拆开， 擦去木屑和铁锈， 换上新的橡皮。 然后又在链子上涂一层油， 最后把它重新组装起来。

站在一旁一直观看着哥哥熟练地修理自行车的奥维尔说： "咱们把自行车全部拆开， 然后重新组装起来， 这样就能对自行车的构造一目了然了， 当然也就了解了自行车每个零件的特殊功能。 破旧的自行车经过这样一拆一装， 就又变成了一辆新车， 真不简单！"

威尔伯接过弟弟的话说："自行车发展到目前这种形式， 可以说是很理想了。 最初的自行车， 并没有脚踏板， 而是靠骑车人的两只脚轮流踩地撑着走的， 也没有挡泥板。 后来又演变成前轮大、 后轮小的式样。 又经过许多人的努力改进， 才变成了目前这种样子。 还有一个重大变化就是： 过去的车轮只是在外面裹上一层橡皮， 直到不久以前， 才有这种中间充气的轮胎问世。"

只要一谈到机器之类的事， 哥俩的话就没完没了。

突然， 奥维尔岔开了话题说："哥哥， 自从你买回那辆自行车的那一刻起， 我就产生了一个想法， 趁此机会， 跟你商量商量。"

"你的脑子总是转得快， 有什么想法？ 说说看。"

奥维尔认真地说："我想， 自行车作为交通工具的时代已经来临， 骑自行车的人会越来越多。 咱们兄弟俩都喜欢摆弄机器， 我们为什么不搞个自行车商店呢？"

"你说得太好了！自行车确实是大有前途的，我赞成你的想法，咱们就开个自行车商店好了。不过，我也有个想法，开店做生意，总是希望生意兴隆，为此，我们要开的自行车店最好不要卖新车，因为新车太昂贵，现在还是奢侈品，能够买得起的人不太多。最好是卖半新半旧的车子，或者去收购破旧自行车来修理，修好后便宜一点卖出去。这样，生意会更好！不过，这样一来，就会两头顾不上。"威尔伯说到这里打住了。

奥维尔明白了，如果兄弟俩决定搞自行车商店，那自然会影响报社工作，不仅人手不够，精力不济，资金也有困难。想到这里，他说："哥哥，依我看，既然咱们的兴趣都在机器上，报社的事情干脆停了，这样也可抽出资金来办自行车商店。"

威尔伯想了想说："只有这样了。"

没过几天，经洽谈协商，他们的报社由一家新闻通讯单位接收过去了，连同机械和办报的许可，他们俩得到了一笔数目不小的资金。

一天，吃过中午饭，威尔伯对奥维尔说："走，我有事和你商量。"

奥维尔跟着威尔伯走出家门，穿过几条街道，进入了闹市区。

威尔伯指着一幢房子对奥维尔说："这里是闹市区，房子的质量虽不太好，但如果租下来稍微改造一下，就会成为一家理想的自行车商店。"

"好吧，那就把它租下来吧！下一步，我们商量一下如何装修它。"

就这样，莱特自行车商店便诞生了，它的出现引起了人们的关注和议论：

"莱特家的两个小伙子，真不简单，又办起了自行车商店！"

"他们还把办得很好的报社给卖了，专门做自行车生意！"

"听说他们的商店专门组装和出售旧车，价格便宜，还经营自行车修理。这样，谁家的自行车出了毛病就不用发愁了。"

莱特兄弟办莱特自行车商店并非仅仅为了赚钱，主要是他们对此有兴趣。他们从小就对机械有兴趣，喜欢摆弄机器，搞发明创造。通过开设这个商店，能在发明创造方面有新的进展，这才是他们开店的主要目的。

莱特兄弟修理自行车收取费用很少，而且活又做得漂亮，名声很快就传开了，几十里以外的顾客也都上门了。当然，莱特兄弟并不是专做修理自行车的活计，他们还拿出一部分钱收集破旧自行车，拆开后回收还能用的零件，再买进一些所需的新零件，组装成自行车出售。

一天，奥维尔高兴地说："经营自行车的生意比办报搞印刷的生意更能挣钱。如果这样干下去，我们能很快挣得一笔钱。那时候，我们就可以组装、制造全新的自行车了，我们还可以办一个自行车制造厂呢！"

威尔伯点头称是。

莱特兄弟的理想是远大的，干劲是十足的，但当时的自行车，还不是一家工厂从头到尾生产出来的成品，而是许多家工厂各生产一两种零件，高度分工协作的结果。例如车架、轴承、滚珠、链条、轮圈、车胎、坐垫等，分别由不同的制造工厂制造出来，最后加以组装而成，再取一个有自己标记的名字出售。为了使自己装配的自行车有特点，莱特兄弟从一家旧货店里买了一辆旧车床，经过精心修理并喷上漆后，这辆车床看起来像新的一样，用起来也得心应手。

自从莱特自行车店开张后，兄弟俩忙得不可开交，常常干到深夜才结束，这可比以前办报社时累多了。他们不管干什么都细致、精心，从不粗制滥造。就拿轴承来说吧，当时一般使用的都是金属套，而莱特兄弟却用价格很贵的钢珠，所以，他们的产品以结实耐用而又美观大方著称，深受人们的好评。他们的生意非常兴隆，每天店门一开，顾客就络绎不绝，门庭若市，兄弟俩不得不请人来帮忙。

莱特兄弟组装的自行车还有一个优点，那就是平稳，骑起来非常安全。 威尔伯经过精心研究， 设计制造了一种新式刹车， 这种刹车在当时是最先进的。

随着产品的增多， 生意的兴隆， 他们又把隔壁及后院的房子都租了下来， 作为制造工厂， 把营业和制造的场所分开。

19 世纪末的美国， 骑自行车已成为一种时尚， 形成了一股自行车热。 各种各样的自行车竞相问世： 有单座的， 有双座的， 还有四座和五座的。 随后又有儿童专用的三轮自行车和老年人专用的小轮车……各种不同年龄段和性别的人都能买到自己喜欢的自行车。 为了占领市场， 厂家都在想方设法对自行车进行改进， 所以为试验新车性能而举行的各种比赛在全国各地兴起， 迪顿镇自然也不例外。

莱特兄弟当然不会放过宣传自己产品的好机会。

"哥哥， 我们可一定得参加这次比赛啊！" 奥维尔听说迪顿镇要举行自行车比赛时， 兴奋极了。

"是啊， 的确是一次好机会！ 不过， 参加自行车比赛需要强壮的身体和顽强的耐力， 我担心咱俩的身体比不过别人。 如果比赛不能取胜， 还不如不参加！" 威尔伯担心自己体力不行。

奥维尔总是精神抖擞， 有用不完的劲， 他拍着胸脯说： "你放心！ 我当选手上场， 一定能够取胜， 我保证拿个第一名给你看看。 为了准备参加比赛， 我决定从明天起每天早晨骑自行车训练，每次至少骑一万米！"

　　事情既然决定了，就得全力去拼搏。从第二天早晨 6 点开始，奥维尔就骑上自己的自行车进行训练了。他坚持每天骑一万米，以增强体力和耐力，每天训练完，都累得筋疲力尽，但奥维尔顽强地坚持着。不但如此，每天训练完，他还和威尔伯一起研究如何改进自行车的性能及骑车的战术，如车身及车把的高低长短，轮胎充气量的多少，骑车的姿势及不同时间段的车速，等等。

　　奥维尔经过反复的试验，发现把车把变短变低，骑车时身子前倾下压，可以减小风的阻力，提高车速。这样，兄弟俩经过试验改进了自行车。威尔伯为了奥维尔能够取胜，对一切细节都想得非常周到。真是万事俱备，只欠东风了。

　　比赛就要开始了。

　　参加的选手有 30 多人，个个摩拳擦掌，都想取得好成绩，竞争相当激烈。选手们都带来了自己认为是最好的车子参加比赛，有两位富有的青年，他们自豪地推着大公司制造的名牌新车，大有冠军非他们莫属的气概。在众多的参赛自行车中，莱特兄弟的车子是最旧的，而且外表显得古怪。奥维尔推着车子一出场，就引起了人们的纷纷议论：

　　"哎哟，莱特的那辆自行车真奇怪！"

　　"是的，车把怎么那么低？"

　　"真是的！这样的车子还拿来参加比赛，扔了都没有人要！”

人们七嘴八舌地议论着，但莱特兄弟是不在乎的，他们对人们怀疑的目光以友好的微笑回应，在他们心中则充满着必胜的信念。

“时间到了。请各位选手做好准备！”

随着工作人员的呼唤，参赛选手纷纷推着自己的车子站在了起始线上，各就各位，等待发令信号。

比赛开始时，每辆车子后边都有一个人扶着车子。威尔伯扶着奥维尔的自行车，在他耳边低声说：“今天风大，开始时你不要冲在前面，要紧跟在别人后面，看准时机后再冲刺……”

随着一声令下，30多辆自行车立刻风驰电掣般地向前冲去。

开始时，个个竭尽全力，奋力争先，只有奥维尔不紧不慢地跟在别人之后。所有的选手都是直直地坐在车座上，两脚轮流猛蹬脚踏柄，而奥维尔上半身呈俯伏的姿势，低着头往前蹬。……当赛程过半时，奥维尔突然加速，而且身子压得越来越低。他将原先冲在前边的选手一个个地抛到了后面。其他选手不服气，拼命用力猛蹬，想再次超过奥维尔，因为他们不信奥维尔那辆外表破旧、样子古怪的自行车能超过他们的车子。但离终点越来越近了，奥维尔和他们的距离也越来越远……终点到了，奥维尔赢得了第一！

　　威尔伯和妹妹凯特同时跑过来抱住奥维尔。 兄妹三人围在一起， 激动得说不出话来。 虽然他们对于取胜早已成竹在胸， 但当胜利变成现实时， 他们还是难以掩饰心中的狂喜。

4． 兄妹情深

　　人们一谈起自行车， 总是伸出大拇指对莱特兄弟制造的自行车夸奖不止， 赞叹不已。 自行车比赛莱特兄弟取得第一名后， 他们店里的生意更兴隆了， 来买车的顾客大都要奥维尔比赛时用的那种车。

　　"莱特先生， 您参加比赛用的那种车子是什么牌子的呀？"

　　牌子对自行车的销售是非常重要的， 有人说牌子是商品销售的导航灯。 但对于顾客的问话， 莱特兄弟无言以对，因为他们的车子还没有牌子。

　　聪明的奥维尔脑子转了一下， 随口说出："就叫'莱特飞行号' 吧！ 意思是： 速度极快， 像在空中飞行那样。"

　　从此， 莱特自行车商店所生产的自行车就以"莱特飞行号" 命名。

　　由于"莱特飞行号" 自行车质量好， 价钱公道， 总是供不应求， 一批自行车刚组装好， 立刻就销售一空。

　　"哎呀， 太忙了！ 真是太忙了！ 连吃饭的时间都没有。

要是这样下去，我们会受不了的。哥哥，咱们再多雇几名帮手怎么样？"奥维尔终于叫苦似的和哥哥商量。

威尔伯同意奥维尔的看法："是啊，如果不想个办法，我们会累垮的。这种活是强体力劳动，但只要手巧一点就能干。随着业务的扩大，我们也只能多雇几名职员了。"

由于长期紧张的工作，过度的劳累，一向体格健壮的奥维尔突然病倒了。这使威尔伯和妹妹凯特非常担心，但奥维尔却开玩笑说："我的身体一向很好，任何病魔都奈何不了我。你们别担心，也许是太累了，休息几天就会好的。"

但事情并不像奥维尔说的那么简单，他不时发高烧，且久久不退，又时冷时热。经医生诊断，奥维尔得了伤寒病。

这是一种传染病，且在当时还没有较好的对症药。患这种病的人，大多都丧失了生命，即使能幸免于难，也需要半年以上的静养。

奥维尔被隔离开来，安排在特殊的病房里。

"莱特家的弟弟有病了，那个店铺怕要关门了。"

"两兄弟多和睦呀！可是这种病治好的希望不大。"

"不幸啊，真是人生无常！"

镇里的居民议论纷纷。

威尔伯想尽一切办法为奥维尔治病，在外地念大学的凯特也专门请假回来照顾哥哥。他们不断地给病房消毒，连小旮旯都不放过。兄妹俩轮流护理奥维尔，连夜间都不睡觉。奥维尔顽强地同疾病斗争着……

经过三个星期的精心护理和调治，奥维尔的高烧终于渐渐退了。也许是被兄妹的真情所感动，死神终于放过了奥维尔，使其保住了性命。威尔伯和凯特总算松了口气，把心放了下来。

“哎呀，三哥，我真想一下子睡他几天。可是，当四哥病重的时候，我却一点睡意也没有，急得不知怎么办才好。”凯特对威尔伯说。

“是啊，我也是这样。”威尔伯说，“好在奥维尔已经脱离危险了，接下来要慢慢地恢复体力了。瞧瞧，就几周时间，奥维尔就瘦成了这个样子，真该好好养养啊！”

奥维尔默默无语，眼角挂着感激的泪。

是啊，自从母亲去世后，家里常常只有威尔伯和奥维尔相依相伴，这次若没有威尔伯的悉心关照和妹妹凯特的精心照顾，后果是不堪设想的。特别是妹妹凯特，特地请假回来照顾哥哥，兄妹之间，手足情深，这怎能不令人感动呢？

许多时日过去了，一天，奥维尔说自己的身体已经恢复了，坚持要到店里帮助威尔伯干活。其实他还很虚弱，一是不忍心看着哥哥这么忙碌，自己躺着什么都不干；二是病了这么多日子，整天躺着确实无聊，一向勤劳的他是歇不住的。

"不行啊!" 威尔伯首先反对,"医生说了, 你现在必须静卧休养。 否则, 病若再犯了, 那就没救了。 养好了病, 什么不能干呀? 快老实躺着, 不许乱动。"

凯特见哥哥奥维尔躺着无聊, 就找来了些书和报纸给他解闷, 奥维尔就利用养病的日子如饥似渴地读起书来。

一天, 威尔伯兴冲冲地拿着一张报纸走到奥维尔床前说:"奥维尔, 这上面有个令人兴奋的消息, 说是一个德国人, 叫李林达尔, 他经过多年潜心研究, 设计并制造了一种滑翔机。 人可以坐在上面从山坡上滑下去, 然后它就顺势飞起来, 到天空中滑翔。 多过瘾啊! 人可以在天空中飞翔!"

"真有这种事? 快拿来我看看。" 奥维尔高兴地从床上坐起来。

威尔伯示意奥维尔躺下, 然后他坐在奥维尔的床边, 将报纸上刊登的这个消息念给弟弟听。

站在一旁的凯特笑着说:"瞧你们俩, 一说到机械之类的事, 就高兴成这个样子。 我看哪, 一听这个消息, 四哥的病准会好的。"

等凯特去厨房做饭时, 威尔伯低声对奥维尔说:"我对这件事很感兴趣, 也想试一试。 为了更多地收集这方面的资料, 我已给华盛顿一科学研究所的教授写信求助, 他也对滑翔机的事很感兴趣， 回信答应帮忙。 我想等你身体彻底恢复后， 咱俩就着手这件事， 你看如何?"

"太棒了!" 性急的奥维尔抑制不住自己的激动， 又有新的事业可干了， 能像鸟儿一样在天空翱翔， 这是多么令人向往的事情啊!

八

李林达尔滑翔机的启示，使莱特兄弟的志向指向蓝天，诸多挫折并未动摇他们的理想。威尔伯说："老鹰在空中展开翅膀，平衡掌握得很好。好好观察它飞行的姿势，然后再制造一架滑翔机！"

1．李林达尔和他的滑翔机

奥维尔已经完全恢复健康，凯特又继续上学去了，一切都恢复了正常。莱特兄弟俩不仅把商店经营得红红火火，而且一种新的想法正在形成——他们要向德国的李林达尔学习，要制造滑翔机，要在天空中自由翱翔！

正当莱特兄弟对未来怀着憧憬，紧张思考并开始采取行动的时候，一个令人伤心的消息传来了。报纸报道：1896年8月9日，李林达尔从山坡上乘坐滑翔机滑翔时，下降到20米左右的高度时，突然刮来一阵强风，他连人带机摔了下来，次日死去。

　　兄弟俩看到这条新闻，一种无比的哀伤袭上心头。李林达尔是一位热衷于飞行的人，在莱特兄弟开自行车商店之前，他已在世界上出了名，莱特兄弟很钦佩李林达尔其人。

　　奥托·李林达尔，德国人，他从小就喜欢到野地里去玩，喜欢抓鸟，喜欢观察鸟的动作和飞翔。他发现：鸟受惊时，总是先张开翅膀，逆着风走几步后，再展翅飞向空中，他当时年龄还小，不知其中的原理。后来，他进入波茨坦工业学校学习，主攻机械专业。大学期间，他对鸟类的兴趣不减，经常到野外去观察鸟的翅膀和鸟的飞翔。他发现：鸟的翅膀总是弯曲而不平直的，且前部较厚，后部较薄。他认为，鸟类能在空中飞翔，关键就在于其弯曲不平、前厚后薄的翅膀了。

　　李林达尔大学毕业后，先在一家工厂工作，不久便离开，自己开设了一家工厂。在这期间，他坚持自己的爱好，在长期观察的基础上写成了两本书：《鸟类飞行——航空的基础》和《飞翔中的实际试验》。这两本书后来对莱特兄弟产生了很大影响。此外，李林达尔还研究出了计算空气阻力、浮力的公式，并提出了"极曲线"和"风洞"理论，画出了曲线图。

　　在进行了大量理论研究以后，李林达尔终于下决心亲自制造滑翔机了。

　　他采用比较硬的柳木做滑翔机的骨架，在上面缠上棉布，然后再涂上一层蜡。做成的滑翔机重达 18 公斤，翅膀的宽度是 10 米。他带着这一处女作到一小山丘上，看好风向后，用两条胳膊紧紧抱着滑翔机的两只翅膀，用脚一蹬地，纵身一跃，就轻飘飘地向下滑去。

第一次试滑成功，令李林达尔兴奋不已。很快，他制作了一架更大的滑翔机。在一个上午，他选中了一处更高的山丘，坡上没有什么障碍物，他认为这样滑起来就会更安全。在一切准备就绪后，他像前一次一样，抱着滑翔机的翅膀，纵身一跃就离开了地面起飞了，这一次居然飞了 200 多米，滑翔机才徐徐落地。

任何开拓性的事业都是充满艰难险阻的，李林达尔从事的是前无古人的事业，是冒着生命危险进行的。为了使人类有一天能像鸟一样自由翱翔在天空——这是他一生的愿望，他已将一切置之度外，不断地试验着、探索着……每一次试飞他都会得到新的经验、拥有新的体会。对于这些经验，每次他都认真地一一记录下来。

经过多次的试飞后，他不断地改良制作，终于造出了一架比较理想的滑翔机，他要用此机进行试飞了。

在一座山丘上，他将两臂插进了附在机翼上的皮带里，手握操纵杆，抬头看了一眼蓝天白云，满怀信心地纵身一跃，随即舒展地飘浮起来，不仅飞得高，而且飞得稳。

万万没料到，一阵狂风吹来，把机身吹得摇摇晃晃，李林达尔还没有来得及采取什么措施，便连人带机一起摔落地面，当场机毁人亡。这年，他才 49 岁。

2.　志在蓝天

李林达尔试飞失事使莱特兄弟非常悲伤。同时，他们也开始积极思考失事的原因。

"李林达尔是因为什么坠落下来的呢？"威尔伯思索着，"自从他设计出滑翔机以来，已经有多次飞行，并且有详细记录。照理，他经验丰富，应该不会出这样的事呀！"

"哥哥，是不是他计划得不够周详？"

"这似乎也不可能。"

"报纸上说，人类能像鸟那样飞行是错误的，李林达尔去干这种胡闹的事，所以才受到这种惩罚。"

"奥维尔，你认为真会是那样吗？你是否还记得小时候，爸爸买的玩具——会飞的纸蝴蝶？"

"记得，记得。那时，咱们还想过把纸蝴蝶放大，人坐上去也许能飞上天空呢！实际上，放风筝的时候，我也想飞上天空哩！"

"是啊。我们后来还自己制作了大鸟，想载人飞上天空，但不巧，刚开始就被弄破了，后来就把这事给放弃了。"

…………

　　飞上天空，在远古时期就成为人类的愿望，这也是人类征服自然过程中最伟大的理想之一。但由于种种条件限制，一直没有人将它付诸实施。李林达尔的试验虽然失败了，但他的开拓之功是永载史册的。

　　莱特兄弟并没有因为李林达尔的失事而放弃自己飞上蓝天的理想，他们坚信人类总有一天会在天空中飞行，或许经过他们的努力就能成功。他们认为李林达尔的失事只是前进过程中的一个挫折，决不能因此半途而废，任何事情的成功都要付出代价，飞上蓝天这样划时代的大事当然也不会轻易成功。

　　兄弟俩开始了搜集资料和研究资料的工作，决定接过李林达尔的事业干下去。一天，在研究资料时，奥维尔说："你还记得有一本书上谈到双翼平衡的原理吧？有一位飞行家就是坐在滑翔机上左右挪动身体，以保持机翼的平衡，这样就可以不完全听任风力的摆布，从而大大增加安全性。"

　　听了奥维尔的话，威尔伯似乎受到了什么启发。他站起身来，拿起一张纸，把它托得高高的，然后一松手，这张纸就忽起忽落、左旋右摆地飘落到了地上，而不是一下子就直接掉下来的。

　　奥维尔瞪大眼睛，注视着哥哥的一举一动，观察了纸飘落的全过程，接着他也拿起一张纸来，试了一下，结果一样。因此，奥维尔得出了这样的结论：这张纸像是一匹野马，我们要设法驾驭它，李林达尔很可能就是没有解决这一问题才失事的。

威尔伯若有所思地说："既然如此，咱们就来研究研究飞行吧！"

3．莱特兄弟潜心观察和研究

兴趣和爱好是最好的老师，只要是干自己想干的事，再大的困难也会设法解决。莱特兄弟一经立志飞向蓝天，就不会回头。

莱特自行车商店使他们忙得不可开交，订单越来越多，生意非常红火，他们几乎抽不出时间来搞飞行研究，理想和现实之间的矛盾迫使他们再次做出选择。

先是奥维尔沉不住气了："哥哥，得想个好办法，再这样下去，我们的理想就没法实现，况且我们目前的兴趣已不在自行车上了。"

"我也一直在考虑这个问题，想再请几个人来店里帮忙。管理工作就交给爱德，他已很有经验，肯定会把店管好的。如果这样，我们就可以抽出身来搞飞行研究，你看如何？"

"我举双手赞成。"奥维尔一向崇拜哥哥，他认为威尔伯的决定是不会错的。

莱特兄弟办事很讲效率， 很快他们就将店里的工作移交给了爱德。 当然， 大事仍由他们俩拍板决定， 平时有时间也常去看看， 但兄弟俩的主要精力已不放在店里。

研究飞行， 他们的第一步是搜集资料， 学习和研究已有的理论成果。 这些工作， 他们以前也做了一些， 但那是极有限和肤浅的。

威尔伯严肃地对奥维尔说：“我们虽然早就有研究飞行的打算， 但实际上我们对这个问题知道得很少。 现在志向已定， 我们必须认真地从头学起， 从最基本的学起。 你的记忆力很强， 现在又有时间， 要抓紧时间认真学习， 当然也不能太性急， 必须将有关空中飞行的书， 认真搞懂、 搞透， 一遍不行， 两遍三遍， 直到弄懂为止。 我们至少得用两三年的时间去读书、 研究才行。”

实际上， 关于飞行方面的书， 在那个时候是非常少的， 迪顿镇的图书馆是根本没有这类书的。 所以， 他们致函华盛顿从事航空研究的史密森学会索取有关图书、 杂志等， 史密森学会的同行们热情相助， 给他们寄来了许多宝贵的资料。 每每得到一些资料， 莱特兄弟就如饥似渴地读起来。 当然， 在学习的时候， 他们也有困难， 有些语言不懂， 有些公式、 道理弄不明白， 但他们俩总是在一起， 结合两个人的智慧对难关一点一点地攻破。 他们先后学习和弄通了李林达尔的《鸟类飞行——航空的基础》 和《飞翔中的实际试验》、蓝格勃的《飞行器的发展》和《航空实验》、法国人著的《动物的运动》等书。其中蓝格勃是当时最优秀的飞行史学家，威尔伯最初以通信形式和他交往，随后数年一直向他报告自己学习及试验的情况。

值得一提的是，莱特兄弟这期间仔细地阅读了《动物的运动》一书，这是法国的动物学家墨勃写的，内容主要是有关人类和鸟类的骨骼组织，并附有鸟类振翅起飞的各项动作的图解说明。两兄弟时常带着墨勃的这些图表到野外去观察、对照鸟类的飞行。

除以上的书籍外，他们还留心积累一切可以得到的资料，不论是杂志上的，还是报纸上的，只要看到，必定抄下来或剪下收藏。美国《1895 年航空年鉴》里有一段专门讨论比空气重的机器的问题，这引起了莱特兄弟极大的兴趣。

莱特兄弟还专门研读了文艺复兴时期的大画家达·芬奇的作品。达·芬奇画了许多飞行器，有用脚踩使得翅膀振动的装置，也有类似降落伞的各种设计等。当然，他所画的这一切只不过是一种天才的设想，根本无法实现。直到 19 世纪初叶，英国人乔治·凯勒才给出一种新解释。他经过详细观察鸟类飞行后，制作了一架滑翔机，并得出了这样的结论：鸟类在空中作水平飞行时所受到的空气阻力，就成为支持鸟飘浮在空中的浮力。真正把这种原理拿来运用的则是 30 年后的另一位英国人，他叫约翰·史托费罗。他制造了一架单翼飞行器，试飞的结果是：只飞了 40 多米就摔了下来。当然，还有很多人进行试验，想利用蒸汽机制造飞机，不过这都没有实现。更不幸的是，还有许多人，如毕加、菲力浦、契珂逊等，他们都带着征服蓝天的志向丧命于蓝天。

三年过去了。

莱特兄弟掌握了大量有关飞行的知识，为日后制造和试飞滑翔机奠定了基础。关于自行车商店的事，他们早已忘到了九霄云外。好朋友爱德多次提醒他们不要从事这种劳而无功且有性命之忧的飞行事业，但他们充耳不闻，依然我行我素。

一天，奥维尔对威尔伯说："咱们已经学得不少了，可我们能不能飞上天空呢？"

"我们是读了不少书，有了一定的理论知识，但飞上蓝天可不是件容易的事。现在，美国的兰莱和英国的马克辛正在研究装上蒸汽机的飞行器。我认为他们这一理想很难实现，因为，连飞行器在空中飞行是什么样子还没搞清楚，怎么能飞上天呢？这样做是非常危险的！"

奥维尔同意威尔伯的看法："我认为，一个飞行器应该具有很好的操纵系统，为保持侧向平衡，应有一种方式将左右翼以不同的角度对着风。对一个驾驶飞行器的人来说，不仅应懂得这些道理和操作的技术，而且要灵活，有应付突发事变的能力。我认为，李林达尔正是没有学会正确地操作滑翔机，所以才出了事故。”

“你说得很对！从前的人们总是想早点飞上天去，犯了急躁的毛病，结果吃了大亏。我们可不要急于求成，不要急于制造飞机一类的东西，而应从最简单的东西开始，从风筝、滑翔机开始。我们最好先去学习老鹰！”

“什么？学习老鹰？”奥维尔不理解。

“对，老鹰在空中展开翅膀，平衡掌握得很好。好好地观察它飞行的姿势，然后再造一架滑翔机。”

“哦，我竟然忘了。我们从前经常观察老鹰飞，为什么不模仿一下老鹰呢？还是哥哥聪明，有两下子！”

“贫嘴！”哥哥嗔怪地看着弟弟，两个人相视而笑。

九

发明之路多坎坷，苦中有乐。有志者事
竟成，第三号载人滑翔机试飞成功，它可以
自由地在天空中飞行和停止。

1. 飞行试验

莱特兄弟不抽烟，不喝酒，一生也没有结婚。他们总
是穿着一身平常的衣服，即使在机器旁干体力活的时候也是
如此。他们是地地道道的美国传统的工人发明家，也可以说
是以天性、直觉知识和无穷无尽的智力来代替理论的发明
家，他们效仿的榜样就是没有受过多少学校教育，凭直觉知
识的最伟大天才——爱迪生。

莱特兄弟并未因为别人的挫折而气馁、退却，他们俩始
终没有放弃对天空的憧憬，他们在努力地完成前人未完成的
事业。

在迪顿镇野外的一个土丘上，莱特兄弟二人仰着头，仔
细地观察着老鹰的动作，脖子都伸痛了，但他们仍然不放弃

观察。　别人看到这种情景，　纷纷议论：

"莱特兄弟俩怎么啦，　是不是在治疗歪脖子病呀？"

"自己的商店不管，　一切都交给爱德，　也太不像话了！"

"莱特兄弟疯了，　赚钱的事不干，　去找那苦吃？"

"老鹰有什么好看的，　神经病！"

"不知莱特兄弟又有什么行动了？"

"莱特兄弟是了不起的，　如果有行动，　那也是惊人的行动！"

旁人怎么想，　怎么说，　无关紧要。　对莱特兄弟来说，他们关心的是老鹰怎么飞翔，　飞翔的样子是什么样的，　怎么去模仿它。

"啊，　你看，　老鹰把翼尖少许弯曲了一下，　它在找平衡。　那是因为突然吹来了强风。"

"噢，　它又向右转弯了。　它把一边翅膀的后边缘向上翘着，　另一边的则往下弯，　这真奇妙，　做了个漂亮的右转弯。　把这个方法用到滑翔机上多好啊！"

老鹰是莱特兄弟俩的好老师，　等到完全弄懂了那种飞行方法，　就要着手设计滑翔机了。　不，　在莱特兄弟看来，　这还显得太急躁，　应该再次造风筝，　放风筝，　仔细地做一些试验，　以搞到准确的数据。

做什么样的风筝好呢？　那要看什么样的风筝最便于观察，　最便于试验，　并取得准确的数据。　威尔伯认为做一个

匣型风筝最好， 奥维尔认为哥哥说得对。 威尔伯很快就画好
了图纸， 奥维尔也找到了需要的各种材料。 两兄弟一起动
手， 只用一个晚上就按着图纸上的尺寸要求把匣型风筝给造
出来了。 这个匣型风筝和以前的不同， 样子很怪。

　　莱特兄弟选择了一个星期天， 一大早， 他们就带着那架
奇形怪状的风筝向郊外走去， 行人都以好奇的眼光注视着他
们， 不知道两兄弟又在搞什么新花样了， 难道又要让人大吃
一惊?

　　在迪顿镇郊外一块草地上， 莱特兄弟停了下来。 他们四
周走一走、 看一看， 这个地方， 微风和畅， 又没有什么大
的障碍物， 两兄弟内心有说不出的兴奋。 这不仅仅是放风筝
的场地选择得很好， 还因为他们预感仔细设计制造的匣型风
筝， 今天试验一定会获得成功的。 这架匣型风筝是经过他们
俩精心设计制造出来的， 箱子两侧系了四根绳子， 在匣型风
筝的某些部位还安装了自行车上的零件。 设计这种在别人看
来很奇怪的匣型风筝， 目的是想知道浮在空中的物体要怎么
样才能稳定地飞行， 如何才能自由地改变方向， 什么样的结
构和装置才便于操作。

　　莱特兄弟坐在比较高的地方休息， 等待着最好的时机放
风筝。 威尔伯还拿出了纸和笔， 他们希望把一切细节都详细
地记录下来， 以便经过多次试验以后进行综合研究， 得出正
确而系统的数据来。

"太阳已经升得比较高了，　现在的风力正好，　我们开始吧。"

威尔伯提出了建议，　并拿起了风筝。　奥维尔赶快握住系在匣型风筝两侧的四根绳子。

风筝很快就升空了。

"你把那条绳子拉一拉看怎么样，　好，　可以了……再放松一点，　可以了。"

威尔伯站在木架旁边，　一手拿着笔，　一边吩咐着奥维尔，　不时在纸上写点什么或画点什么。

奥维尔依照哥哥的指令，　将绳子放松或收紧，　放了这一根又放那一根，　或者在放一根绳子的同时收紧另一根绳子。果然，　风筝就随着操纵上下左右移动，　完全可以依照自己的意愿去控制它。

"哇！　太好了，　我们成功了！"

奥维尔几乎是跳了起来大叫着。

还是威尔伯能沉住气，　他要求弟弟，　先不要太高兴，多试验几次，　这样不仅可以验证刚才的结果和取得的数据，而且可以更熟练地掌握放飞的技巧。　兄弟俩不厌其烦地一次、　两次、　三次地试验下去……直到他们认为完全弄懂了才收拾东西回家。　这时，　天已经快黑了，　他们连中午饭还没有吃。

兄弟俩就是这样，　一干起自己喜欢干的事情来，　什么都会忘记的。 这段时间， 莱特兄弟不仅经常试验， 而且大量读书， 除仔细阅读了美国蓝格勃教授寄来的有关飞行的资料， 还得到了法国的一位名叫肖纽特的科学家的很多指导和大量帮助。 他们还经常像以前那样， 检讨前人失败的原因， 甚至在晚上休息时， 兄弟俩还躺在床上长谈到深夜。

一天晚上， 躺在床上的威尔伯表达了自己的看法："李林达尔在飞行方面花了好几年的时间从事大量的研究， 这种精神实在值得人们敬佩！ 不过， 我认为， 他用在试验方面的时间不太够。 试想， 一个初学游泳的人， 纵使理论懂得多， 但仅仅是学了一点初步的游泳技术， 就想在大海里游泳， 这怎么能不失败呢？ 所以我认为， 实际地、 认真地从事试验， 是非常重要的， 否则， 我们还会蹈前人覆辙！"

躺在对面床上的奥维尔， 听了哥哥的话也感受很深地说："是呀， 书上有记载， 空中的气流是诡谲多变的， 一座小山丘、 一幢房屋， 甚至一棵大树都会造成旋风， 都会造成灾难性的后果。 所以， 这些因素都不能忽视。 法国肖纽特先生发明的滑翔机是复翼式的， 我认为， 他这种设计才是比较安全可靠的。 不久前， 毕加失事遇难， 就是因为他那架单翼的滑翔机金属机翼折断了。 我们应该记取这个教训才对。"

此时， 莱特兄弟的飞行知识， 已经不亚于一般的专家了。 由于他俩重视试验， 重视具体操作， 所以在飞行器的操作上还超过了一般专家。

　　试验的结果， 两个人达成了共识， 即飞行器必须有一个好的操作系统， 为保持侧向平衡， 应有一种方式将左右翼以不同的角度对着风。 在 1899 年 7 月， 他们制造了一架翼面重叠的小型滑翔机， 每个翼面长 1.5 米， 尖端相接。 他们把这种东西拿到野外试验， 结果证明， 他们设计的控制系统有效了。

2.　制作滑翔机

　　匣型风筝和小型风筝的试验完成了， 莱特兄弟就要着手设计滑翔机了。

　　莱特兄弟在妈妈的影响下， 从很小的时候起就有一种习惯， 即无论制造什么东西， 都要首先绘制图纸来看一看，然后再根据画好的图纸来制造。 兄弟俩又像从前一样， 画了一张又一张图纸， 绞尽脑汁， 想要先把图纸画好。 但要画好一张详细完整的图纸却很不容易， 它不仅需要时间和精力， 而且还需要一定的技能， 需要详细的计算， 需要参考前人的成果， 并避免其缺点。

　　为了专心画好图纸， 兄弟俩几乎把莱特自行车商店的事抛到了九霄云外， 却还嫌时间不够用。

　　一天， 奥维尔对哥哥说：“哥哥， 要是有更多更多的时间该多好啊！ 比如说一天不是 24 个小时， 而是 50 个小时、100 个小时……”

“哈哈， 光说一些没有道理的话。 要想制作一架质量高的滑翔机， 就绝对不能着急， 当然也绝对不能松劲啊！”

经过近一个星期日日夜夜的潜心研究、 计算、 画草图，一天中午， 一张精确、 理想的设计图纸终于完成了， 接下来的工作就是制作滑翔机了。

制作这样的滑翔机， 得选择一个比较大的地方才行， 他们就把这个理想的地点选择在自行车商店后院的小仓库里。首先是选购一些必需的材料， 材料是轻质结实的木头和布，还有铁丝一类的东西。 因为图纸设计得准确合理， 所以对于善于制作、 手艺精巧的莱特兄弟来说， 制造滑翔机并不困难。

看到莱特兄弟这种奇怪的样子， 爱说闲话的人们就议论开了：

“莱特兄弟又磨磨蹭蹭在干什么呀， 刚刚觉得他们老实一点儿， 现在又要做什么了？”

“小的时候， 那兄弟俩就怪， 长大了还是怪人。”

“就看不惯这种不干正事的人！”

“听说是要做个叫‘滑翔机’ 什么的， 打算飞上天呢！”

“什么？ 人还要飞， 学飞鸟那样子？ ……哎呀， 那太可怕了！”

　　"这么说，两个人经常傻乎乎地张着嘴、伸着脖子，望着老鹰就是为了这个……"

　　"莱特兄弟总是不会安分守己，总是异想天开。"

　　人们不仅议论着，甚至还有一些好事的人来到小仓库旁边往里张望、窥视，以图发现别人没有发现的更为奇怪的新闻。莱特兄弟受到的压力是很大的，但莱特兄弟对于这些闲言碎语满不在乎，就像没有听见一样，依然按照自己的计划，一点一点地在制作着自己的滑翔机。

　　他们参考了李林达尔的计算，还参考了自己制作的匣型风筝，首先把木料锯断、刨平，再把支柱用的木条刨光、削圆，然后组合起来，用钉子钉上，用铁丝把一些部位缠紧固定好，最后再用优质结实的布料缠一层。莱特兄弟认为，即使是极小的部分也绝不能粗心大意，以免影响安全。经过几个月的辛勤劳动，一架滑翔机终于制作完成。

　　这架滑翔机和以前他人制造的滑翔机有很大区别，不仅在样子上，而且在功能上有很大改进。它是一架上下两层翅膀（即机翼）的飞行器，操作的人要趴在它上面才能操纵，以前的滑翔机都是人站立在上面的。莱特兄弟想到小时候在妈妈的指导下，在雪橇上趴着以减小风的阻力的事，灵感一来，就这么设计了。

　　此外，学习老鹰，为了使翅膀的两端能够自由弯曲，他们还在翅膀的前面，加上了一块安定板，用来防止在空中来回摇摆。 从总体看， 这架滑翔机翼展 5.4 米， 在较低的主机身前方约 1.2 米处有一水平的前方向舵或升降舵。 为保持首尾平衡， 这个升降舵的尾翼可以升高或降低。 操纵者乘坐的筐架连有金属丝， 用来操纵机翼扭转。 只要操纵者的身体从一边向另一边移动 5 厘米至 8 厘米， 便足以达到扭转机翼的目的。

现在的问题是， 飞行的地点选择在哪里最合适。

"在哪里放飞滑翔机最理想呢？ 至少在迪顿镇这个地方是不行的。 放飞滑翔机， 需要有一个风力大、 周围建筑物和树木都很少的地方才好。"

怎么办？ 他们想到了肖纽特。 他们立刻给肖纽特去信， 述说了设计滑翔机的经过， 并请教在什么地方试飞较为安全妥当等问题。

热心的肖纽特非常重视， 立刻回信。 信中说， 佛罗里达州的松鸟和加利福尼亚州的圣地亚哥， 海风稳定， 是个理想的地方， 但这里缺少可供滑行的山丘， 并且场地也不太大。 最后， 他建议不妨在北卡罗来纳州或乔治亚州的大西洋岸边找一处合适的地点， 详细情况还得求助于当地的气象部门。

于是， 在肖纽特建议下， 莱特兄弟去信向当地气象局咨询气候、 地形、 风向等情况。 气象部门也热情服务， 提供了不少资料， 还提供了有益的建议。 气象资料显示， 北卡罗来纳州的基蒂霍克合乎他们的飞行要求。 这个地方， 总是有大风， 场地也很大， 不仅有山丘， 而且周围也没有建筑物和树木等障碍物。

理想的试飞地点终于选定了。

3. 到基蒂霍克去， 第一次试飞成功

试飞的地点既然已经确定， 那就得赶快采取行动。

兄弟两人， 立即把家里事务交代清楚， 将滑翔机拆卸分解装箱， 携带着帐篷、 食品， 以及必需的东西， 搭乘火车向目的地进发。

迪顿镇距基蒂霍克 1600 公里。 兄弟俩一看地图， 按捺不住激动的心情， 几乎是一同大声叫起来的： "啊， 这么远， 太好了。"

莱特兄弟从小随着父亲的工作变动多次搬迁， 但从没有走过这么远。 今天的远行， 又是他们自己的决定， 并且是去试飞自己的滑翔机。 他们从小就想飞上天， 今天终于能够实现了， 这怎能不使兄弟俩激动呢？ 衣、 食、 住、 行，是人类生活不可缺少的四个方面。 前边的三个方面是人人都明白知晓的， 但后一个不一定是人人都知道的、 明白的。人类研究如何行动才最合适， 即如何选择人们的活动， 从远古的时候就开始了。 人们研究如何活动才合适的目的， 大致

说来有三个： 第一， 是为了行动方便； 第二， 是扩大人所能借助的东西， 即借助外力使人方便； 第三， 就是提高人们活动的速度， 如前进的速度。 远古时人们也已经注意到要提高人们的前进速度， 但受条件限制， 还停留在初级阶段, 古人把主要精力都用在前两个方面。 一直到了 19 世纪中叶, 人们才意识到提高人们的行进速度是一个重要问题。 本来空间是浩大无际的， 而人生的岁月却很短， 人类又没有缩地法， 怎样才能利用有限的时间到达更远的地方， 这只有提高行进速度才能实现。

人类的活动， 是受各种环境制约的， 环境不同， 活动也不同。 在陆地上活动的人们， 自然以陆地为中心， 陆地交通自然发达最早。 后来， 在沿海活动的人类， 在千百万年的活动中， 掌握了水上活动的方法， 从而大大地扩大了人们的视野， 水上交通迅速发展。 但这两种人类活动， 总受地点限制， 只有空中交通才兼有水陆交通的长处。 今天, 莱特兄弟就要实现人类空中交通的理想了， 他们怎么能不激动呢?

1900 年 10 月底的一天， 他们乘上了火车。 到达诺福克后， 转乘了另外一趟火车又继续前进。 他们经过了沼泽地带， 到达了伊丽莎白城。 到了这里， 不能再乘火车了， 他们只好乘船前进。 由于是第一次乘船， 他们感到有点头晕, 有点想吐， 但他们很快就适应了。 他们穿过阿比马海峡,经过洛亚诺克岛，终于到达了基蒂霍克。

上了岸，放眼望去，奥维尔激动地叫起来："啊，这里真好！比我想象的还要好！"

兄弟俩有同样的感觉，基蒂霍克真是一块滑翔飞行的绝好地方。这是一个十分偏僻的海滨小渔村，稀疏地居住着几户人家。这里有一望无际的、宽阔的沙滩，而一块又一块的小丘散落在各处，较大的范围内既没有树木，也没有房屋建筑，常年吹着强劲的海风。虽然这里地处偏僻，但对莱特兄弟来说，却是一块非常理想的地方。

"喂，两位年轻人，请问你们是从什么地方来的？"

在这样偏僻的海滨小渔村，一下子来了两个年轻人，还带着不少东西，这使人们都很惊奇，基蒂霍克村邮局的肯特先生首先来到两人跟前询问情况。

"我们是从迪顿镇出发到达附近的海岸，然后从那里乘小船用近两天的时间才到达你们这里的。"

"是吗？那么，你们带的东西是什么？又要在沙滩上干什么呀？"

"我们带的东西叫滑翔机，想在这里放飞滑翔机。经我们调查，这里是放飞滑翔机最理想的地方之一。"

"什么？滑翔机？它是什么东西？我们从来没有听说过，你们能让我们看看吗？"

"可以，完全可以。不过现在还不能看，得等我们安排好住下， 组装以后才能让你们看。 如果你们愿意， 我们还想请你们给我们一些帮助呢! ”

“好吧， 我们愿意帮助你们。 听你们这样一说， 滑翔机好像挺有意思的， 请到我家来。”

热情的肯特把他们俩领到了邮局， 并介绍了很多情况。从此， 他们竟成了好朋友。

兄弟俩在肯特等人帮助下， 首先动手在沙滩上搭起了帐篷， 建造了一间木屋， 然后把箱子和工具放进去。 威尔伯借用肯特先生夫人的缝纫机， 缝制滑翔机翅膀上的蒙布。 他们细心地进行着各项准备。

奥维尔兴奋地看着沙滩， 对威尔伯说:“哥哥， 你瞧，这里是一片黄沙， 全无树木、 岩石、 房屋等障碍物， 即使摔下来了， 也没有什么了不起。”

“别讲泄气话了， 最好还是不要摔下来。 这个地方确实很理想， 我充满着信心， 一定能一举成功的。”

足足用了三天的时间， 他们才把滑翔机组装好， 还不放心， 又一次仔细地检查一遍， 认为确实没有问题了， 才系上绳索， 像风筝那样放飞试验。 结果成功了。

“很好。 如果是这样， 坐上人也能飞起来了。 但是安全第一， 还是弄准确后再载人试飞。” 威尔伯似乎是在自言自语。

莱特兄弟俩都想尽快地飞上天空， 可是如果冒冒失失地飞起来，就可能失败，甚至会带来意想不到的恶果。经过多次像放风筝一样的试验和反复的检查，两人终于都认为没有什么问题了，决定载人试飞。

在一个晴朗的好天气，兄弟俩饱餐了一顿，拖着滑翔机来到了广阔的沙滩上。根据测量，当时的风速是每秒6米，只要机身对风做3度的倾斜，滑翔机就应该能顺利地飘浮在空中了。

威尔伯终于坐上了滑翔机，他伏在下层机翼的中央。

"哥哥，风来了。你准备好了吗？我们要拽拉牵引绳啦。"

"好，开始！"

威尔伯一声令下，奥维尔和前来帮忙的肯特，拉着挂在滑翔机上的牵引绳猛力往前冲，累得满身大汗，但滑翔机只是在沙面上滑行着，发出"嘶——嘶——"的声音，却无法飞离地面。

威尔伯下了滑翔机，奥维尔也走了回来，一起研究不能起飞的原因。两人都感到很奇怪，按照李林达尔的公式计算，滑翔机是应该起飞的。

威尔伯说："现在由你来操纵，再试一次看看。"

于是，奥维尔登上滑翔机，他把身体俯伏在下层机翼上。当准备好后，威尔伯和肯特就抓住滑翔机上的牵引绳用力往前拉，但拖了很长一段距离，结果和前一次一样，依然不能起飞升空。

　　两个人一时很失望，垂头丧气地坐在沙滩上。他们一面擦着汗，一面在各自思考着问题的症结到底在哪里。威尔伯首先站起来，走近机身，上摸摸下敲敲，左右端详着，实在找不出毛病。他无意识地走向机身前端，捡起了绳索，轻轻地往前拉，并且赶快跑了几步，没想到这架没载人的滑翔机却缓缓地升空了。这时，威尔伯攥紧了拳头，心里感到已经找到了不起飞的原因了。他们一块回到营地，等待第二天再试验。

　　在第二个试飞的日子，肯特又来帮忙了。经测定，风速是每秒 8 米，比昨天大了许多，威尔伯满怀信心地再度爬上机身。

　　"现在风力正好，开始!"

　　听到了威尔伯的命令，奥维尔和肯特就拉着挂在滑翔机前边的牵引绳，用力往前跑。这一次，停放在小丘上的滑翔机，呼地一下就升空了。威尔伯小心地操纵着向前滑行，沙滩急速地往后退。

　　"啊，飞起来了，飞起来了! 滑翔机飞起来了!"

　　"哥哥，太好了! 飞起来了!"

　　奥维尔仰头大叫。在欢呼跳跃的奥维尔和肯特的头顶，威尔伯乘坐的滑翔机从容地飞过去了。

　　接着，奥维尔也驾驶着滑翔机飞行，结果也成功了。

飞行的成功，使威尔伯、奥维尔和肯特非常高兴。虽然这次只滑行了40多米，飞离地面高度也不过1米，但它究竟证明了人类能够借助外力和工具飞行了。

莱特兄弟俩来到基蒂霍克，试图让滑翔机能带着驾驶员像老鹰一样飞行，并且以此获得实际操作经验。他们发现，只有在风速每小时至少40公里时，这架滑翔机才能有力地上升。

为了总结经验，兄弟俩在当晚吃饭的时候就开始了检讨。

威尔伯说："根据李林达尔的公式，机翼的浮力是跟面积、角度以及风速成比例的。昨天的风力只有每秒6米，角度是3度，还不足以产生载人飞行的浮力，所以不能升空。后来，拉着不载人的空机，它不是立即升空了吗？这个关键被我们找出来了，最终使滑翔机起飞成功，真令人兴奋。"

他们两人在这个偏僻的小渔村反复地做了将近一个月的试验。当一个人在空中滑翔时，另一个人就在地面上做笔记。虽然他们在空中停留的时间很短，并且也摔落过不少次，但这种经验的积累，对于热衷于飞行的莱特兄弟来说，实在是太重要了。

虽然这次滑行未能如李林达尔依据气压计算的结果完成拉高的功能，但兄弟俩仍然从滑翔机控制系统的成功上得到了

极大鼓励。 当他们离开营地回迪顿镇之前， 他们又将滑翔机
带到基蒂霍克附近的基尔德弗尔山丘。 他们在山坡上做了十
多次滑行试验， 由于对这架滑翔机的拉高性能不甚满意， 他
们决定翌年要带一架机翼曲率更大的滑翔机来。

4． 第二号载人滑翔机及其试飞

冬天来了， 气候太冷， 风也太大， 莱特兄弟终止了第
一次旅行试验， 回到了迪顿镇。

经过在基蒂霍克的多次试验， 莱特兄弟认为李林达尔的
计算公式一定有问题。 既然如此， 兄弟俩就着手自己做试
验。 他们首先根据风洞原理制造了一个长方形箱子， 在一端
装设一个圆形的罩子， 然后利用送风机， 以每秒 12 米的风
速向箱内送风。 他们费尽心机， 模仿鸟类的翅膀， 做成各
种折曲面的机翼， 同时依照自己的构想， 设计出各种不同的
机翼， 将它们分别放在风洞里做试验， 然后测定在机翼上所
产生的阻力和浮力。

经过多次的试验， 他们的结论是： 机翼的角度增加，
浮力也就随之增加。

根据自己的试验， 1901 年春天， 威尔伯和奥维尔制造了
第二架滑翔机。 这架滑翔机已不是模仿前人， 而是基于自己
的试验而产生的新机了。 这架滑翔机翼展 6. 5 米， 重达 43

公斤， 机身前装有升降舵， 机后装有方向舵， 依靠这些装置， 可以使机身保持平衡、 稳定、 安全， 并且可以改换方向。 莱特兄弟对这架改良机满怀信心。

1901 年 7 月下旬， 莱特兄弟带着第二号滑翔机， 再一次到达了基蒂霍克。

一天上午， 试飞开始。 机身虽然在空中逗留了十几秒钟， 也前进了近 300 米， 但机身很不稳定， 不是向左边歪， 就是向右边斜， 而且升降舵也不能起作用， 经过多次试飞， 结果都一样。

总体而言， 这次飞行并不能令莱特兄弟满意。 兄弟俩这次确实有点气馁， 不久就回到了迪顿镇。

正在莱特兄弟感到苦恼之际， 接到了肖纽特先生写来的热情洋溢的鼓励信件。

肖纽特先生在信中说， 莱特兄弟的精神值得钦佩， 告诫他们不要因为挫折而气馁， 要向哥伦布学习， 不达目的不终止。 肖纽特指出， 莱特兄弟走的路非常正确， 他坚信人类在不久的将来一定能在天空中飞行。 他鼓励莱特兄弟有责任把这项工作继续下去， 决不能半途而废。 他还告诉莱特兄弟， 世界上有很多人在注视着他们， 在预祝着他们早日成功。

这封信， 可以说是雪中送炭， 它坚定了莱特兄弟征服天空的信念， 莱特兄弟不再畏怯不前， 马上又投入了试验工

作。

5. 成功了——第三号载人滑翔机可以自由飞行

整个秋季和冬季，莱特兄弟都在做试验，尤其是大量地做风洞试验。他们先以纸板做材料，曲折成各种角度，观察它在风道中的动态，接着又改变为金属片做试验，由于质地不同，结果相差很大。他们把这些一一地记录下来。

由于试验结果与李林达尔气压数据表和其他一些公认的气压数据表所计算的估计值不相符合，他们怀疑李林达尔和所有关于这些方面的科技书籍可能有错误。1901 年年底，为了精益求精，他们在精心制作的一个 1.8 米的风洞中用小型机翼再次进行试验。他们测试了两百多种不同角度放置的机翼表面，测量了单翼机、双翼机和三翼机模型，以及一翼连一翼的飞机模型。由测量不同展弦比（翼展对翼弦的比率）的拉高能力，发现展弦比越大，机翼越容易托起。他们还测量了各种厚度的表面。这些试验证明，机翼前部的锋利边缘是没有必要的，这一点也为后人所赞同和沿用（虽然现今的超音速飞机是采用锋利的翼缘）。他们还了解到把一个机翼重叠在另一个上面时，飞机的动力会有所损耗。

这些试验可以说是人类飞行史上的转折点，莱特兄弟掌握了从来没有人觉察到的事实，他们建立了飞机设计时所需要的数据表。

　　莱特兄弟根据自己精心计算的结果，在1902年夏天将第三号滑翔机制作完成。机身是按照长宽6:1设计的，机翼的曲折度也是依照风洞试验的原理制造的。这架滑翔机翼展达9.6米，比1901年的那一架长了3.1米，但引人注目的是增加了一个尾翼，尾翼由两片固定的垂直叶片组成。在更进一步的试验中，他们发现该尾翼是一个平衡装置，可作为将机翼以不同角度朝风向维持平衡的辅助设备——这也是目前所有飞机所采用的基本控制方式。

　　莱特兄弟决定，第三次前往基蒂霍克试飞第三号滑翔机。1902年9月中旬，他们终于出发了。

　　到达目的地的第二天，他们就迫不及待地开始试飞。这次试飞非常成功，在时速30多公里的强风中，如同飞行在时速10多公里风速时一样平稳安定，有时能滑行700多米，在空中还能停留30多秒钟，飞行高度也达180米。这样的成绩，连他们自己也感到吃惊。

　　第三号机是一架出色的滑翔机，无论是起飞升空，或是向地面降落，还是在空中改变方向，都轻而易举地做到了。他们还能从小俯角滑翔，比他们观察到的鹰的滑翔更接近于水平。

　　当然，也不能说这次飞行全无缺点，因为有时候在飞行时，机翼会倾向一边，甚至会触及沙滩。

　　奥维尔认为这是控制上的不协调所造成的，只要控制住两侧机翼和机尾，使其合作协调即可解决这个问题。

　　威尔伯同意奥维尔的看法，他立即用一根金属丝控制住双翼和机尾。他还解释道，这就如同鸟类的尾巴和翅膀同受一个神经系统控制一样。过去的问题就是两个控制部分，分别控制机翼和机尾，因此才会出现不协调的问题。解决了这个问题，就会保持机身的平稳和安全。

　　又是新的一天到来，他们依然出去试飞，可是风速计的指针却停留在3和4之间。以这样的风力，是绝对无法使载人的滑翔机升上天空的，他们只好耐着性子等待。但等了很久，风力依然如此，毫无风力转强的迹象。奥维尔终于按捺不住，就不管三七二十一爬上了滑翔机，从一个小山丘上往下滑行。

　　说来也真奇怪，机身竟然升空滑翔起来，而且平平稳稳地滑翔了近100米。

　　奥维尔乐得大叫起来，威尔伯也惊异地跑过去，查看发生了什么奇迹。

　　威尔伯端详了一会儿，似乎解开了谜："奥维尔，你来看，奥妙可能就在这里！"

　　"怎么了，是不是坏了？"

　　"不是，是它们曲折度变了！"

　　奥维尔朝着哥哥威尔伯手指的那个部位一看，果然也发现了秘密："我们为了减轻机身的重量， 采用了较细的材料。
时间一长， 它就会自然而然地磨损下去的。 这跟我刚才能起
飞可能有关系？"

"当然有关系。 你想想看， 曲面有变动， 它的浮力自然
也就不一样了。 刚才的风势虽然很弱， 但是， 这种新曲面
却能产生足以使机身上升的浮力。"

莱特兄弟的试验， 使他们深刻地了解到这一点， 那就是
书本上的知识和实际经验总有出入， 一切要从实际出发。

经过 1000 多次的飞行试验， 莱特兄弟结束了第三次基蒂
霍克之行， 回到了迪顿镇。 在返回迪顿镇途中， 莱特兄弟
已经产生了给滑翔机装上动力的想法。

十

1903 年 12 月 17 日，难忘的一天，由莱特兄弟制造的世界上最先装有汽油动力发动机和螺旋桨的飞机首次飞上天空。但这一壮举的历史意义在很长一段时间以后，人们才真正意识到。

1. 完成真正动力飞机的设计

第三号载人滑翔机试飞成功后，莱特兄弟满意地回到了迪顿镇。

"听说莱特兄弟回来了？"

"是的，他们的滑翔机真的飞上天了！"

"真不简单啊！"

迪顿镇的人们纷纷议论着。

"滑翔机能在天上自由飞翔，莱特兄弟成功了！"在关心航空事业的人们中间，这消息传得更快。

历史已进入了 20 世纪，20 世纪从一开始就显示出了它不同于以前世纪的特点： 人类文明与文化飞速发展， 意大利的马可尼发明了无线电通信， 法国人完成了以汽油发动机为动力的飞船。 此外， 德国戴姆勒和本茨发明的汽车也传到了美国， 其产量以惊人的速度在增加。 1902 年， 美国还成立了福特汽车公司。

从 1896 年至 1902 年的 6 年期间， 莱特兄弟艰苦创业， 取得了巨大成功。 但他们并不就此止步， 仍以更大的努力制造动力飞机。 当然， 任何一项新发明的成功， 总是要有与其适应的科学技术背景的。 内燃机的问世， 就为动力飞机的发明提供了可能。

一天， 莱特兄弟俩又在谈论着制造飞机的事。

奥维尔说："哥哥， 我们去基蒂霍克那个小渔村已经三次了， 滑翔飞行也有超千次之多， 在飞行方面， 我们已获得不少知识和经验。 但是， 滑翔机做得再好， 不借助风力就飞不起来， 我想有没有办法在无风的时候也能让它飞起来呢？ 我们能不能像制造汽车那样， 在机身上装上动力设备， 然后再安上螺旋桨呢？ 如果可以的话， 它就能凭着自身的装置飞起来！"

威尔伯一边听奥维尔讲话， 一边认真地思考着："你讲得很有道理， 法国制造的飞船不是也装有发动机吗？ 但是， 汽油发动机是很重的， 我想装到滑翔机上恐怕不行。 如果将发动机做得小一点、 轻一点， 又有足够的力量， 或许能把滑翔机送上天去！"

"那我们就立即试验一下吧？" 奥维尔总是性急的。

实际上， 兄弟俩第三次从基蒂霍克返回迪顿镇的途中， 奥维尔就有了这种想法， 他急着试一试， 对此威尔伯当然是赞成的。

既已决定， 兄弟俩就着手研究和试验。 不过， 要在滑翔机上安装汽油发动机， 可不是简单的事： 一是当时市场上出售的发动机经常出故障； 二是没有任何一种发动机适合安装在滑翔机上。 没有办法， 两人只好自己动手研制发动机。

兄弟俩立即将自行车的装配工厂改为制造新机器的工厂。 为了免除老父亲的担心， 工厂仍然挂着莱特自行车装配工厂的牌子。

他们俩的举动引起了好友爱德的不安， 他劝阻他们说：　"你们的滑翔试验已经非常成功， 应该感到满足了， 不必要再去做进一步的冒险。 我认为还是专心经营自行车商店好， 它比较切合实际， 也很赚钱。"

爱德的劝阻是出于朋友的一片真情， 莱特兄弟也能理解， 但他们的志向不是为了钱， 不是为了舒适的生活。 也难怪爱德想不通， 就连当时一些有名的科学家， 也公开表示， 人类希望在天空自由飞翔纯属妄想。 过去曾有不少人为了征服天空而献出了生命， 但莱特兄弟并没有因为前人的失败而气馁， 也不因好友的善意相劝和别人的嘲讽而停下脚步。

莱特兄弟的习惯和工作程序是，首先画出理想的图纸来，再按图纸进行制造，在制造的过程中不断修改图纸，使其更完善、更合理。这一次也不例外，他们在画图纸上花费了更多的时间和精力，这是因为动力机器的设计更困难，把动力机器和滑翔机很好地结合起来更不容易。这是人类最早的尝试，没有可供参考的东西。他们苦苦地构思着，画了一张又一张……时间一天天地过去了，还是画不出理想的图纸来。

绘图的工作量也确实太大了，比如为解决动力装置放在滑翔机的哪个部位最合适、最安全这一问题，他们就反复研究并画了几十张图。他们绞尽脑汁构思，仔细地研究资料，并长途跋涉向专家请教。为了早日拿出图纸，兄弟俩不知熬了多少通宵，有时工作放不下，一连20多个小时不吃不喝，这种艰辛是别人无法忍受的，当然，其中的乐趣别人也无法体会到。

功夫不负有心人，经过几十个日日夜夜的辛勤劳动，莱特兄弟终于在一天晚上拿出了一张将动力发动机、螺旋桨和滑翔机组合在一起的理想的图纸。

2． 真正的动力飞机制造出来了

设计出了图纸， 接下来就是根据图纸来制造飞机了。

莱特兄弟俩经过再三考虑和研究， 成功地制造出了特殊的发动机， 可它的重量却减不下来。 最初制成的一台机器加上燃料后， 重量竟达 270 公斤。 经反复努力后， 研制出了一台 12 匹马力、 重 80 多公斤的汽缸内燃机， 这个重量没法再减轻了。

奥维尔发愁地说："重量控制不到空中飞行所需的标准，怎么办呢？"

"我看， 问题的关键在于螺旋桨， 如果螺旋桨好， 也许能够成功的。"

兄弟俩开始研制螺旋桨， 他们首先以轮船的螺旋桨作为参考进行制作， 可是不能成功， 装在飞机上不起作用。

与此同时， 还有一个人进行着与莱特兄弟同样的研究试验工作。 他也是美国人， 叫兰莱。 实际上， 兰莱早在十七八年前就开始了研究。 他制作了一个可以转动的试验台， 用来进行空气动力的试验。 他在李林达尔去世的那一年， 制造了一架模型飞机， 以每小时 40 公里的速度， 成功地飞行了近 900 公里的距离。 美国政府知道后， 还给他以经费资助，希望他制造出真正的飞机来。 兰莱先生制作的飞机是单翼式的，他认为复翼机的缺点是上下两翼间的空气散乱流通，会减低机身的浮力。他的飞机机身是由金属制作的，并装有螺旋桨，但他是以蒸汽引擎来带动的。

1903年10月，兰莱决定进行载人动力飞机试飞，地点选在维琴尼亚的波多马克河。他首先建造了一艘巨大的平面船，上面铺设了轨道，在轨道的一端，装置了一架弹簧发射器，凭借此发射器将停在轨道上的飞机推送出去。

由于事先进行了广泛的宣传，试飞这一天，好奇的人们挤满了河的两岸，不少记者也前来捕捉这激动人心的时刻。试飞开始，兰莱的助手戴着风镜，精神抖擞地走上了飞机。他先发动了引擎，随即螺旋桨就转动了起来，随着发射器的键钮被按下，飞机立即被弹簧弹送了出去。但令人失望的是，飞机刚离开轨道，就一头栽到河里去了。

兰莱先生接着又做了充分准备希望第二次试飞成功，但结果仍以失败告终。不久，兰莱先生就去世了。

莱特兄弟吸取兰莱的经验、教训，精心设计制作了一种理想的螺旋桨。他们将两具螺旋桨按图纸上的要求分别装在发动机的左右两侧，再用自行车的链条把它们连接到发动机上。另外，他们还将自己发明的速度计和计时表装到飞机上，这就为明确飞机速度和计算飞行时间带来了很大的方便。这一切都是在没有任何资助和帮助的情况下，依靠自己的力量完成的，如果没有强烈的兴趣和爱好，没有牺牲和奉献的精神，就不可能有这么大的动力。

3．人类第一架载人动力飞机成功地飞上了天空

经过莱特兄弟的艰辛探索和艰苦的劳动，人类第一架动力飞机被制造出来了。飞行者号诞生了！这是一架以轻质木料为骨架，以帆布作机翼材料制成的双翼型飞机。由于装有平行的双翼，拉高能力极大地增强了，它是由12匹马力的汽缸内燃机来推动螺旋桨的。

试飞的日子到了。兄弟俩将飞机拆卸装箱，托运到基蒂霍克，然后他们将商店事务交接清楚，就乘火车到基蒂霍克去了。

1903年9月底，莱特兄弟第四次来到了这个小渔村。前三次来，他们主要的精力在滑翔机上，但这一次却不同了，他们要用真正的飞机飞行了。兄弟俩按捺不住内心的激动，高喊："基蒂霍克，我们又回来了！""请记住我们的努力吧，基蒂霍克！"

莱特兄弟到达基蒂霍克后，在村民帮助下很快就在沙滩上搭起了帐篷，并将以前修建的小木屋维修好。他们没有立即组装新飞机去飞行，而是将放在小木屋的第三号滑翔机拿出来，先做滑翔机飞行训练，为真正的飞机试飞做准备。威尔伯和奥维尔都精神饱满，在做好滑翔机的飞行试验后，

信心百倍地开始组装和试飞新的飞机。

在进行发动机试验时，一件不愉快的事情发生了：螺旋桨的中轴硬度不够，在强大的压力下变弯曲了。

奥维尔自告奋勇："哥哥，这需要换上更坚硬的中轴。你等着，我回家再做一个拿来。"

当奥维尔带着做好的中轴返回基蒂霍克时，时令已是初冬，海边的风很大，天气又冷，莱特兄弟不畏困难，耐心地做着一切飞行准备工作。

好心的老朋友肯特先生劝他们说："寒冬已经来临，时而下雨，时而下雪，风势又是如此强劲，天寒地冻的，为什么不等明年春暖花开时再来试飞呢？"

威尔伯感激地说："谢谢你的关心。可我们的目的就是要飞机在各种不同的天气条件下都能飞行，天气不好，正是检验我们制造的飞机的一个好机会。"

12月12日，莱特兄弟俩把新做的螺旋桨中轴安装上去试了试，效果比较理想。13日是星期天，他们休息了一天。14日一大早，他们就爬起来了，开始进行紧张的准备。他们决定在这天试飞，这天天气晴朗，风势不太强。他们首先在沙滩的斜坡上铺设了飞机起飞用的木轨，外面包上一层铁皮，以便于滑行，铁轨长约18米，随后，他们将飞机放在铺设的轨道上。一切准备就绪后，兄弟俩还不放心，又将飞机仔仔细细地检查了一遍。

试飞之前，他们已向渔村的居民发出了邀请，但由于天气太冷，只来了十几个人。

"奥维尔，一切都正常。"

"谁先来驾驶呢？"奥维尔问。

"这样吧。"威尔伯说，"将硬币抛起来，看落在地上的是哪一面，由它来决定吧！"

"好吧！"

抛的结果是威尔伯先飞。

"哥哥，你一定要当心啊！"奥维尔担心地叮嘱着。

威尔伯坐上飞机，伏在下层机翼的中央，手握升降器的操纵杆，将发动机发动起来，随后飞机就咯嗒咯嗒地震动起来，后面绑着的铁丝就绷紧了。当铁丝一松开，飞机就在滑轨上猛然前冲。在轨道上滑跑的飞机，滑行了3米左右，就一下子升到了空中。

"啊，飞起来啦！"

但由于冲得太快，当围观的人们的喝彩声刚刚出口，立刻又变成了惊叫。原来飞机顺利地冲上了天空，但呼地一下减慢了速度，飞行了4秒都不到，只前进了100米左右，就突然掉落到地上了。

威尔伯没有受伤，飞机也只损坏了一小部分，看热闹的村民们都很失望。

威尔伯和奥维尔检查了飞机后，认为没有技术问题。

"可能是过早地离开地面了。 不要紧， 修好之后再飞。"
奥维尔说。

经过三天的劳动， 莱特兄弟又把飞机修好了。 他们重新
铺设滑轨， 但这次将滑轨铺到平地上， 不想再借助下坡的惯
性冲力将飞机送上天空， 而是利用螺旋桨自身的力量使飞机
飞起来。 他们决定 17 日再次试飞。

12 月 17 日， 莱特兄弟又是很早就起了床。 这天天气不
好， 乌云密布， 狂风怒号。 他们耐着性子等待时机， 可 10
点钟过后， 天气依然没有好转。

"干脆， 我们就这样飞吧?" 奥维尔问哥哥威尔伯。

"是啊， 快点飞吧! 我们已经冻得受不了啦。" 前次飞
行失败后， 村民们很扫兴， 这次来观看的只有五个人， 他
们在寒风中浑身打着寒战， 催促着莱特兄弟快飞。

10 点 35 分， 奥维尔不顾天气的恶劣， 毅然登上了飞
机。 他俯伏在驾驶员的位置上， 手握操纵杆， 发动引擎，
螺旋桨开始旋转起来， 两个机翼咯嗒咯嗒直抖动。 飞机在滑
轨上缓缓滑行一段时间后， 奥维尔环顾一下四周， 接着一拉
操纵杆， 飞机便一下子升到了 3 米的高度。 然后， 它迎着
强劲的风， 平稳地飞行着， 飞行着……

"看， 飞起来啦! 飞起来啦!"
"真了不起， 莱特兄弟的飞机真的飞起来啦!"
前来参观的人高兴得又叫又跳。

威尔伯也激动地举起双手跟在飞机的后面狂奔。

飞机飞行了 12 秒钟后，就徐徐地、平平安安地着陆了。

"奥维尔！奥维尔！"威尔伯边跑边喊，激动得热泪盈眶。

"成功了！我们成功了！"奥维尔从飞机上走下来，激动得喉头哽咽。

兄弟俩紧紧地抱在了一起。

短短的 12 秒钟，包含莱特兄弟多少心血和汗水啊！他们能不激动吗？长期以来，人们总把"飞上天空"的理想讥讽为梦想、妄想、狂想，而莱特兄弟却把它变成了实实在在的现实，这需要多大的信心、勇气、锲而不舍的奋斗和忘我的献身精神啊！这 12 秒，标志着人类征服自然历史上的又一次成功，它是一座划时代的丰碑，它将作为一个光芒四射的标记而永载史册。

从此，人类世界将发生重大变化，交通、经济、产业及人们的日常生活都将被改变。世界成了立体的，地球的空间迅速缩小，人类的认识领域将迅速扩大。

莱特兄弟从极度的兴奋中平静下来。

"哥哥，趁着风势未变，你也来试一试吧？"奥维尔建议道。

威尔伯登上飞机，熟练地发动引擎，手拉操纵杆，飞机平稳地升起来， 向前飞去……

之后， 兄弟俩又轮流试飞。 中午时分， 威尔伯第四次试飞。 这次时间最长， 达 59 秒， 飞行距离达 256 米。

在基蒂霍克村民的热烈祝贺气氛中， 莱特兄弟告别了这里热情的人们， 告别了他们的好友肯特先生， 带着成功， 带着胜利， 于圣诞节前两天， 回到了迪顿镇自己的家里。

4． 世界闻名的莱特兄弟

1903 年 12 月 17 日， 莱特兄弟驾驶的装有汽油发动机的飞机试飞成功了。 这一成功标志着人类自古以来就想征服天空的愿望变成了现实。

如果是在信息化的今天， 通过光纤传播， 人们不仅可以在同一时间听到莱特兄弟的声音， 而且还可以在同一时间看到莱特兄弟的飞行表演， 可那时还没有光纤通信和电视， 无线电也刚刚发明不久。 况且基蒂霍克这个小渔村又地处偏远， 交通极为不便， 信息非常闭塞。 就连报社对莱特兄弟能乘飞机飞上天空这件事也极不信任："连那个政府出资资助的有名的兰莱都失败了， 放弃了对飞机的研究。 自行车商店的莱特兄弟俩又能怎么样呢？ 他们能驾驶得了带发动机的飞机吗？ 不可能， 不可能， 绝对不可能！"

莱特兄弟回到迪顿镇后， 向自己家乡的报社发了一个简短的消息，内容是这样的："1903 年 12 月 17 日上午，我们在每秒 9.7 米的风速下，一共飞行了四次。我们的机身靠引擎的力量从地面飞起，四次都很顺利，在空中逗留的时间长达 59 秒，飞行距离远达 256 米。当时，有基蒂霍克小渔村的五位居民做见证。"

报社接到莱特兄弟飞行成功的报告，编辑们嗤之以鼻，根本不相信这件事是真的，因此并不打算把这一消息刊登在报纸上，而是随手往纸篓里一扔了事。在全美国，只有三家小报社刊登了这一不同寻常的消息。所以，对于莱特兄弟这一划时代的成就，社会并没有引起重视，美国政府也根本不予理睬。

社会对莱特兄弟的成功抱着如此冷淡的态度，并不奇怪。作为一流的人才，大名鼎鼎的兰莱，有政府资助，有助手帮助，最后都没有成功。人们怎么会相信既没学历又没声望，政府不给资助，单凭自己的头脑和双手的莱特兄弟能创造如此的成果呢？更可恶的是，一些尖酸刻薄的人，他们想尽办法挖苦、嘲笑莱特兄弟，说他们俩是大骗子，精神不正常等。甚至到了 1905 年，《科学美国人》杂志还登文称：莱特兄弟的飞行成功只不过是个骗局罢了。

这些不公正的待遇，实在令莱特兄弟伤心，好在有父亲和妹妹的竭力鼓励和安慰。他们俩努力地工作着，兢兢业业地对机体和发动机进行着改造。他们在迪顿镇不断试飞，但也绝对不强行飞高。 在条件不具备的时候， 就停止试飞。
一句话， 他们很注意安全， 绝不做任何没有把握的冒险之
事。 他们俩不是为了出名才干的， 更不是为了发财， 只是
凭着自己的兴趣和才智， 想通过自己的努力来证明自己的能
力。

当然， 也有好心的人理解和支持莱特兄弟的事业， 滑翔
机研究专家肖纽特先生就是其中之一。 当他看到美国社会和
政府对莱特兄弟的成功不予理睬时， 就在英国和法国详细地
介绍了莱特兄弟俩的事迹， 尤其是宣传他们在人类历史上首
次驾机飞行成功的壮举及其伟大的历史和现实意义。

在肖纽特的宣传鼓动下， 英国政府申请把莱特兄弟设计
的飞机制造专利转让给英国。

"奥维尔， 英国政府的举动对我们不仅是个安慰， 而且
是个巨大的鼓励。 我们确实需要资助， 但是， 我们是美国
人， 如果要转让专利的话， 我们应该转让给美国政府才
对。" 威尔伯对弟弟说。

多么令人感动的一腔爱国热情啊！

奥维尔当然赞同哥哥的意见， 兄弟俩拒绝了英国政府的
要求。 而这时， 美国政府仍没认识到莱特兄弟试飞成功的伟
大意义， 仍采取不予理睬的态度。

莱特兄弟仍不懈地工作着， 他们要研制出质量更高的飞
机和更轻便、 节油的发动机来， 他们在设计一种新式飞

机——可以使驾驶员坐在椅子上操作， 而且能同时乘坐两人。

　　莱特兄弟在英国、 法国成了大名人， 整个欧洲都在传播着他们的事迹。

十一

发明无止境，再接再厉。塔夫脱总统幽默地赞誉说："机身上下连一点破损都没有，两位却打破了世界纪录！这不只是你们的光荣，也是美国的光荣！"

1. 更上一层楼，制造新飞机

1903 年底，莱特兄弟愉快地回到了自己的家——迪顿镇，过了一个快乐而幸福的圣诞节。稍事休整，莱特兄弟又开始了他们的研制工作。

他们仍然是首先精心计算、设计，然后画出图纸来，经过努力，新飞机的图纸画出来了。他们设计的飞机比前一架加长了不少，机上所装置的发动机也扩大到 17 匹马力，机身总重量也达 400 公斤，其他地方也都进行了不同程度的改造。1904 年夏末秋初，一架新的飞机制作完成了。

父亲米尔顿主教看着这架飞机，由衷地赞叹说："你们从前用来做试验用的，只是在滑翔机上装置一台发动机而已，现在却不同了。 这才是一架真正的飞机！"

父亲的赞扬和鼓励对莱特兄弟来说很有必要， 莱特兄弟也是人， 他们也需要精神上的支持、 感情上的安慰和心理上的平衡。

"哥哥， 新飞机已经制造成功， 你们什么时间起程？ 能不能带我一起去， 让我也开开眼界？" 凯特摸着飞机， 眨着眼睛询问二位哥哥。

奥维尔看着妹妹， 神秘地说："哈哈哈， 你也有兴趣？ 当然不能带你去啦， 因为你是女的嘛， 但可以让你开开眼界。"

凯特转过身， 迷惑地看着二位哥哥。

威尔伯满脸笑容地对凯特说："凯特， 你听着。 我们决定这次不再到基蒂霍克那个小渔村的沙滩上去试飞了， 我们决定这次在咱们迪顿镇试飞。 这架经过改良的新机， 只要有一块广阔的草地就可以顺利地飞起来。 所以， 不仅你能看到这次新飞机试飞的场景， 爸爸也能看到， 迪顿镇的居民也都能看到。"

"如果这样那就太好啦！" 父亲米尔顿也高兴地笑了起来。

经过仔细的勘察， 兄弟俩选中了一块牧场。 这块牧场距迪顿镇很近， 它不仅场地平旷， 而且四周没有障碍物。 场主是一位银行家， 经交涉， 银行家同意无条件让兄弟俩试验使用。

　　莱特兄弟决定在 9 月中旬的一个星期天试飞，　为此还向一些迪顿镇居民和有关单位及报社发出了请柬。

　　试飞的那一天，　晴空万里，　秋风送爽。　这样的好天气，　真令人心旷神怡。　父亲米尔顿和妹妹凯特一大早就来到了试验场地，　夹在人群当中密切地注视着即将起飞升空的飞机。

　　奥维尔首先登上飞机，　他熟练地握住了操纵杆，　机器发动了，　接着螺旋桨也迅速地转动起来，　机身向前滑动了一段很短的距离后，　就冉冉地飘升到空中。

　　人群中响起了欢呼声、　鼓掌声。　最激动的人是父亲米尔顿和妹妹凯特，　他们高兴得热泪盈眶，　两只手臂用力地在空中挥舞着，　凯特还跟着飞机使劲地往前跑。

　　父女二人看着这激动人心的场景，　怎么能不高兴呢？　他们心里有一个共同的感想：　一向被视为怪人的莱特兄弟，　平时满身油污，　不吸烟、　不喝酒、　不贪玩，　把全部精力都投入机器的研究上，　现在居然成功了，　居然飞到天上去了，　他们以自己的行动证明了自己并不怪，　以自己的成功证明了自己的聪明才智和正确的选择。

　　飞行是成功的，　这是千真万确的事。　迪顿镇的居民也来了不少，　但报社的反应仍很冷淡，　仍然不把这一消息登报公之于众。

对此，莱特兄弟并不抱怨，他们仍继续不断地改进飞机结构，增加发动机的马力，并不断地进行各种试飞活动，多达200次。他们不仅直飞，而且作圆形飞行，还进行左转右转练习。发现问题就赶快研究，找出原因，弄懂原理。1904年冬，他们的飞机可在天空逗留5分钟，飞行距离达4.4公里。

1904年到1905年，莱特兄弟在迪顿镇附近田野上所进行的更深入的试验，可以说获得了巨大成功。凡是路过试验区的人，都会好奇地驻足观赏，都伸出大拇指，认为这是一项奇迹，它将会给人类生活带来重大变化。但是一些顽固的人，特别是官方、政府、报界，仍然看不起他们的试验，仍然认为他们的试验不过是小孩子放风筝而已。甚至当莱特兄弟的飞机有更大改进，可以同时坐上去两个人的时候，仍没有引起官方的注意，政府仍然采取不予理睬的冷漠态度。

政府长期采取这种冷漠的态度，就给莱特兄弟的飞机研究和制造带来了困难。莱特兄弟研制飞机只是依靠自己从前的积蓄和自行车商店赚的钱，但随着研制的深入开展，自己的财力已无法支撑，这就有可能使大有前途的研制工作停顿下来。经家庭会议研究，莱特兄弟决定向政府申请资助。于是，兄弟俩写了一封声情并茂、言恳意切的陈情书寄往华盛顿。

兄弟俩左等右盼，但寄出的信件却如石沉大海，杳无音信。 经过多方交涉， 最后政府所给的信息是： 从国家利益和现状看， 所请难以满足。

莱特兄弟走到了十字路口， 由于经费问题使得飞机研制难以为继。

2. 威尔伯赴欧表演， 获得巨大成功

正当莱特兄弟感到彷徨无计的时候， 事情却有了意想不到的转机。

事情是这样的， 有一位法国军官， 名叫法培尔， 在一个军校担任教官， 他非常热衷飞行事业。 1904 年， 当他听到莱特兄弟动力飞机试飞成功的消息， 非常激动和钦佩， 于是就给莱特兄弟写来了一封信， 一来表示敬慕， 二来打算切磋一下有关飞行上的一些技术性问题。

看到这封信， 兄弟俩激动不已。 兄弟俩认为毕竟还有人承认自己的贡献， 至少在心理上是一个重大安慰。 更重要的是， 他们看到了希望， 在遥远的欧洲看到了继续研制飞机的希望， 兄弟俩认为这是一个很好的机会， 绝对不能错过。欧洲的德国政府曾对齐柏林的飞船研究给以奖励， 法国政府也对飞机的研究拨款资助， 现在如果通过法培尔向法国政府求助， 那是很有希望的， 首先到欧洲去发展， 也大有前途。 兄弟俩很快做出决定， 并给法培尔写了信， 一来表示

感谢，二来表明了他们的想法，并希望他能尽力斡旋促成此事，以便使飞机研究能够继续下去。

法培尔接到信件一看，很高兴，他极为赞成此事，也很重视这件事。他想办法把莱特兄弟的想法迅速地传达给法国政府，并极力推荐，希望能满足莱特兄弟的要求。

很快，莱特兄弟就得到了法培尔从遥远的欧洲寄来的信。法国政府衷心地祝贺莱特兄弟的试飞成功，法国政府原则上同意收购他们的飞机，但首先请莱特兄弟到法国亲自做飞行表演，以证实飞机的性能，然后再作决定。

兄弟俩看到这个振奋人心的消息，又一次激动得流下了热泪。他们花费多年的心血的结晶，在美国得不到承认，但在遥远的欧洲、异国他乡却终于得到了赏识。他们也衷心地希望，通过他们的努力，飞机能在人类交通、运输方面做出重大贡献。莱特兄弟决定赴欧洲表演。

正当莱特兄弟决定赴欧洲表演之际，美国政府陆军部也迫于形势，下令公开比赛，招标收购飞机。谁不爱自己的家乡，谁不希望给自己的国家做点贡献？莱特兄弟的这种愿望更强烈。于是，兄弟俩马上修改决定，威尔伯只身携机赴法国表演，奥维尔则留在国内，以便参加陆军部的比赛招标。

威尔伯和奥维尔把后续事宜商量计划好以后，威尔伯就动身前往欧洲。1908 年 6 月，威尔伯抵达法国首都巴黎。

美国人要来巴黎进行飞行表演，近日即到。

这个消息一经传出，整个巴黎热闹起来。威尔伯到达巴黎这天，前来迎接的人很多，有官方的，也有各个俱乐部的，还有航空协会的，更多的则是好奇的巴黎市民，以及一些富人、绅士。这些人云集在一起，想看一看这位美国人长什么样子，竟使人类首次飞行获得成功，但威尔伯却使巴黎人大为失望。

人们看见从车里走出来的，是一位衣着非常朴素的中年人，此人戴着一顶便帽，高高瘦瘦的身材，这对着装要求几乎达到挑剔地步的巴黎人来说，显示不出多少英雄气质。在巴黎人看来，威尔伯只不过是一个文人。

法培尔第一眼看到威尔伯，也吃了一惊，站在眼前的发明家和自己脑海里的发明家完全不一样。但法培尔毕竟是法培尔，他走上前去紧紧地握住威尔伯的手，热烈地欢迎他到法国巴黎来进行飞行表演。

在法培尔的大力协助下，威尔伯很快就在距巴黎近50公里的地方选中了表演场地。威尔伯开始了紧张有序的各项准备工作。工作量是非常大的，他不仅要适应新的生活环境，消除语言障碍，协调好各种关系，而且要了解气候、气温的变化，还得仔细地保养飞机。这些工作都由他一个人干，而且不能出差错，遇到问题也只能独立思考解决。

8月中旬，威尔伯的各项准备工作就绪，正式公开表演的日子也被确定下来。公开表演的这一天，天公作美，晴朗无云。一大早，从各地前来参观的人就络绎不绝，场地四周挤满了人。威尔伯带到欧洲表演的这架飞机是经他们兄弟俩改良的最先进的飞机，装配了 30 匹马力的引擎，驾驶员可以坐在机翼中央，不需要俯伏着吃力地驾驶飞机了，而且有两个座位。

该起飞了，威尔伯穿着普通的工作服装，头上戴着便帽，微笑着向观众致意，随后就爬上了飞机。

沸腾的声音突然没有了，原野上变得寂静无声。马达声响了，螺旋桨也飞快地旋转起来，飞机缓缓地向前滑行，滑行不到几米，飞机就徐徐地飞升到了空中。它一会儿左转，一会儿又右转，呼地一下又来个大回旋。

四周响起了一片欢呼声、赞叹声：

"太棒了，你看它上升的姿态多美妙！"

"他飞得太潇洒了！"

"他确实了不起！"

飞机缓缓下降，平平稳稳地着陆了。当威尔伯走下飞机时，围观的人们一拥而上，纷纷和他拥抱、握手，很多年轻人还非让他当场签名不可，还有一些贵妇淑女拉着威尔伯要一起合影。威尔伯立刻成了巴黎人崇拜的大英雄。

法国巴黎的各大报纸反应迅速，对这条新闻以显著的位置、巨大的篇幅予以刊登，且附有照片。法国的社会名流，也争相邀宴，这真使威尔伯有点应接不暇。

这位默默无闻的美国机械师，通过自己的努力，赢得了法国人的好感，但他并没有因为出了名而被冲昏头脑。他尽可能地婉言谢绝过于频繁的应酬，而把大量的时间放在机械的保养和改良、飞行表演上。他的飞行技术娴熟，不但飞得平稳，而且一次比一次飞得高，飞得远，飞得时间长，很多人都想坐到飞机上试一试。威尔伯也很热情地接纳了一些人和他一起在天上飞行。威尔伯可以携带一个人在天上飞行，这又是飞行史上的一个大进步。

威尔伯在欧洲飞行的成绩越来越好：9 月 20 日，飞行时间达 60 分钟；9 月 23 日，飞行时间达 85 分钟；9 月 25 日，飞行时间达 93 分钟。这些都是单人飞行的空前纪录。不仅如此，威尔伯还带人飞行近 60 分钟，这是双人飞行的空前纪录。

1908 年 12 月 11 日，为得到法国"墨修朗奖"，威尔伯在评委们的监督下，创造了飞行距离 125 公里，持续时间 144 分 23 秒的空前成绩，他终于如愿以偿地得到了这项大奖。

在威尔伯的影响下，欧洲掀起了一个自由飞行的热潮。

威尔伯在欧洲的飞行表演获得了巨大成功，1909 年春天，威尔伯完成任务载誉返回美国。

3．奥维尔在国内也有不俗的表现

在威尔伯赴欧举行公开表演的同时，奥维尔在国内也有不俗的表现，也创造了惊人的成绩。

1908 年初，莱特兄弟和美国陆军部签订了第一架军用飞机的合同。为圆满履行协议，美国陆军部要求莱特兄弟进行严格的飞行试验，并参加美国陆军部举办的公开飞行表演。奥维尔独自承担了这一艰巨任务。

根据美国陆军部的指示和规定，飞机每小时至少飞行 40 公里，飞行时间在 60 分钟以上，并且可以连续飞行 120 公里，还能乘坐两人。奥维尔对飞行者号飞机进行了改良。经过改良后的新飞机，飞行性能大大提高，动力也达 35 匹马力，并有两个较舒适的座位。

1908 年 8 月，美国陆军部决定在靠近华盛顿的福特迈亚要塞观看莱特兄弟飞行表演。接到通知，奥维尔就一个人携带飞机迅速赶到了指定地点。

"哥哥不在家，我自己也一样可以飞，并且一定要创造好成绩，让在法国的哥哥放心，也让美国陆军部大吃一惊。"

奥维尔干劲十足，信心百倍，努力想使一直不理睬他们的美国政府大吃一惊。

由于是陆军部观摩飞行，所以这一天到场的都是美国陆军部的官员，连记者都没有被邀请参加。

奥维尔如期到场。当一切准备就绪后，奥维尔有礼貌地对着观摩台敬个礼。随后，他熟练地爬上了飞机，坐在中央驾驶位置上，手握操纵杆，飞机发动了，螺旋桨迅速地转动起来，飞机向前滑行。滑行不到4米，飞机就开始悠悠上升。

奥维尔决心在这些官员面前露一手，以证明莱特飞机的优越性。只见飞机一会儿直线往前飞，一会儿向左转，一会儿又向右转。飞机一会儿飞得很快，一会儿又飞得很慢，他甚至驾着飞机低空向观摩台上直飞过去，当观摩台上一片惊叫声时，奥维尔恰到好处地迅速左转爬向高空。奥维尔确信自己已经征服了陆军部这些官员，飞行60分钟后，就驾着飞机徐徐地降落在地面上。

这次飞行，成绩很好，得到陆军部各位官员的好评。1908年9月4日，美国政府决定让莱特兄弟在福特迈亚要塞举行公开飞行表演。

奥维尔仍然满怀信心，单独一人携机前往。他坚定信念，这一次，一定要飞得更好，一定要让全美国人大吃一惊："莱特兄弟不是吹牛大王，莱特兄弟真实地创造了人间奇迹！"

当然，此时奥维尔也不是没有压力、没有劲敌，他听说当时有一位名叫卡堤司的青年，他还参加了一个飞行协会。这个飞行协会是爱迪生和贝尔（电话发明人）等人发起筹建组成的。卡堤司就利用这个协会的一架复翼机，从事飞行练习，而且成绩很不错，他很可能就是自己的强劲对手。

美国政府指定的日子9月10日这一天到了。在福特迈亚要塞观摩台上坐满了穿着笔挺的军服，挂满了勋章的海陆军军官、政府要员，以及身穿大礼服的议员等。表演场外及森林旁边，有很多的观众，当然还有记者。这些人都在翘首等待。

这次公开表演不仅隆重，而且严肃。当乐队奏起美国国歌的时候，全场的人庄严地肃立致敬，乐声停止，飞行表演开始。

奥维尔以自信的步伐走近飞行者号飞机，他右手摘下头上戴的礼帽，有礼貌地挥舞着向四周的观众及观摩台上的官员们致意。当他坐上飞机驾驶员位置的时候，还在微笑着向观众点头呢！

随着一声号令，引擎发动了，很快，飞机就悠悠地升空了。这时，观众们才终于长长地出了一口气。飞机升到高空了，在40米的高度按照规定转来转去，30分钟、40分钟过去了，尽管脖子都酸了，眼睛都痛了，但观众的注意力却没有离开转来转去的飞机。

停止飞行的笛声响了，站在场地中央的军官用力地挥舞着手中的旗帜，示意按照政府 60 分钟的要求，飞行可以停止了，但奥维尔驾着飞机仍然没有降落的意思。他决心要创造更好的成绩，飞机继续在空中盘旋。终于，螺旋桨逐渐缓慢下来，飞机开始平稳地下滑，最后慢慢地停在场地的中央。

观众欢声雷动，欣喜若狂。

评审员宣布结果：飞机飞行的时间是 65 分 40 秒。

奥维尔并不满足，他仍在努力。

9 月 11 日，飞机在 76 米的高度，飞行了 70 分 50 秒。

9 月 12 日，飞机在 80 米的高度，飞行了 75 分 20 秒。

9 月 13 日，奥维尔还成功地完成了运载一名乘客的飞行。

4. 莱特兄弟再创新纪录

奥维尔驾驶飞机在福特迈亚的公开表演获得了巨大成功，对全美国产生了重大影响，从而使美国也掀起了一个自由飞行的热潮。为了取得好成绩，推动飞行事业的发展，实现自己高远的理想，奥维尔停止大规模的飞行，把主要精力放在飞机的研究和改良上。经奥维尔潜心研究，1908 年底，一架新型的飞机研制成功，马力加大，经多次试飞性能良好，飞行时间延长，尤其是飞行高度可达 1200 米。

1909年春，美国陆军部指定的第二次公开飞行表演的时间到了。刚好，这个时候威尔伯也从欧洲圆满地完成任务归来了。威尔伯没有回迪顿镇，而是直奔福特迈亚要塞，和弟弟奥维尔一块儿参加了这次公开的飞行表演。

奥维尔一看到哥哥威尔伯，就赶快跑过去紧紧地抱着他，激动地流着泪说："祝贺你在欧洲取得的好成绩。"

威尔伯也紧紧地抱着奥维尔说："也祝贺你取得的好成绩。"

奥维尔制造的新飞机性能优良，这次公开飞行轰动一时。除了军官、政府官员、议会的议员、科学家、实业家、新闻记者以及一般民众外，就连塔夫脱总统也亲临现场观摩了。这个聚会盛况空前。

这是一个适合飞行的好天气，天空中仅有的几块云彩悠闲地飘荡着，春风拂面，虽然仍有点寒意，但人们的心情却显得舒畅无比。乳白色的飞机停放在宁静的试飞场地的中央，四周围观的人们都在议论着：

"前次是奥维尔一个人，今天却是莱特兄弟俩，可能飞行得更精彩。"

"你们瞧，塔夫脱总统也莅临了。"

"你们看，莱特兄弟出现了。"

…………

威尔伯和弟弟奥维尔并肩边走边谈，来到飞机旁边，四周喧闹的观众， 刹那间都沉寂下来， 屏住呼吸， 都把两只眼睛移向莱特兄弟。 莱特兄弟俩决定， 这一次， 并肩驾机升空进行飞行表演。

莱特兄弟俩很有礼貌地挥手向观众致意， 奥维尔首先爬上飞机， 坐在驾驶员位置上， 紧跟着威尔伯也爬上了飞机， 坐在弟弟的旁边。

起飞的号令响了。"啪——啪——" 引擎发动， 螺旋桨迅速旋转起来， 机身慢慢向前滑动。

观摩台上的塔夫脱总统， 屏住呼吸， 两眼一眨不眨地注视着往前滑动的飞机， 不一会儿， 飞机升空了， 总统这时才呼出了一口长气。

数千名观众几乎是同时送上了掌声。

奥维尔手握操纵杆， 在哥哥威尔伯指导下， 驾驶着飞机依照政府陆军部的规定， 在场地上空作盘旋式的飞行， 1圈、 2圈……50圈……快接近指定的时间60分钟了。

观众静静地等待着， 这时地面上响起了停止飞行的笛声， 站在场地中央的军官也用力地挥舞着手中的旗帜， 表示已经达到政府陆军部规定的时间， 可以降落了。 但飞机仍在不停地盘旋， 似乎没有听到降落的笛声， 也没有看到地面示意降落的信号。

如痴如醉的数千名观众， 掌声、 欢呼声， 响彻云霄， 人人都挥舞着手帕， 抛掷着帽子。

超过指定时间5分钟、 10分钟， 几近疯狂的人们突然停止了喧闹， 似乎都发现了什么重大问题:

"咦! 地面上早已指示他们降落， 他们难道没有看到吗?"

"不可能， 不可能的。"

"那么， 为什么不降落呢?"

"奇怪， 会不会是机器出了问题， 无法降落?"

"这个， 很难说。"

"但是， 你们看， 飞机飞得很平稳， 不像有什么问题， 似乎是在创纪录。"

"很可能。 这一点， 我们可以从上飞机时兄弟俩的自信中得到答案。"

数千名观众的心里像十五只吊桶打水， 七上八下， 不安地猜测着。

飞机终于在数千名观众的注视下， 开始缓缓下降， 平平稳稳地着陆了。

当莱特兄弟走下飞机时， 四周再度响起了掌声和喝彩声。 兄弟俩也微笑着挥手向观众致谢。

评审员宣布的结果是: 飞行时间长达95分30秒。 这又是一个空前的世界纪录。

莱特兄弟俩步行到总统观摩台前， 塔夫脱总统立刻起身， 满面笑容地迎上前去， 握住兄弟俩的手， 仔细地打量着莱特兄弟俩，从上到下看了一个遍，足足有一分钟。然后，他幽默地赞誉道："机身上下连一点破损都没有，两位却打破了世界纪录！这不只是你们的光荣，也是美国的光荣！"

"总统先生，谢谢夸奖。百尺竿头更进一步，我们需要更进一步的努力。"听了塔夫脱总统的话，奥维尔非常激动。

"你们成功不倨傲，也不自满，真了不起。"塔夫脱总统被兄弟俩的精神所感动，又补充这么一句。

威尔伯看着激动的总统，不失时机地向他提出了建议："我们相信，在未来的社会，飞机一定会起更大的作用，甚至会引起社会、交通和产业的革命。希望政府在这方面加大投资，使飞机的研制能继续并不断扩大。"

听了威尔伯的话，塔夫脱总统会意地点了点头。

十二

> 莱特兄弟载誉回归故乡，受到迪顿镇众
> 乡亲的热烈欢迎，人们赞誉说："真了不起！
> 莱特兄弟，你们是迪顿镇的骄傲！"

1. 一派节日景象的迪顿镇

　　威尔伯赴欧进行飞行表演，获得巨大成功。同一时间，奥维尔在国内进行的飞行表演也取得惊人的成绩。之后，莱特兄弟一起乘机飞上天空，又一次创造了飞行时间的世界纪录。莱特兄弟的这一壮举，得到了总统先生的高度赞誉。

　　回顾莱特兄弟的人生，从幼时的玩具制作到办《迪顿周报》，从办自行车商店到专门从事飞机的研制，可以说，他们无论做什么事情都是成功的，但其中的艰辛和巨大付出也是别人所无法了解的。现在，他们终于实现了一生最远大的理想，这怎能不使兄弟俩感到由衷的快慰和兴奋呢？

　　莱特兄弟载誉回到了家乡。

　　前来迎接他们的，除了父亲和妹妹之外，还有迪顿镇的乡亲们。

凯特跑在最前面， 兄妹相逢， 千言万语不知从何说起。

"哥哥， 你太了不起了!" 凯特握住威尔伯的手， 关心地说,"你消瘦多了。"

"瘦是瘦了， 可我也结实了许多。"

凯特又连忙拉住了奥维尔:"你太伟大了! 竟带着三哥在空中飞行了 95 分 30 秒。"

兄妹三人高兴地说笑着， 威尔伯看见了站在远处的父亲。

年迈的米尔顿， 此时的心情非常激动， 两行热泪顺着他那饱经沧桑、 满是皱纹的脸往下流淌。 米尔顿此时思绪万千: 他从来没有扼制过莱特兄弟的兴趣， 而是鼓励他们发挥和培养自己的兴趣和爱好。 今天， 孩子们终于获得了成功。 作为父亲， 他高兴、 自豪、 骄傲， 感到自己也是问心无愧的。

"爸爸， 您好!" 威尔伯跑过来抱住父亲， 他激动得再也说不出话来了。

父亲抑制住自己激动的心情， 一手拉着威尔伯， 一手拉着奥维尔， 说:"孩子们， 祝贺你们。 这是爸爸的骄傲,是全家的骄傲。 你们为美国争了光， 为人类办了好事。 人们是不会忘记你们的。"

一家四口人， 手拉着手， 高兴地向前来欢迎的乡亲们挥着手，人群中爆发出了热烈的掌声，乡亲们还为莱特兄弟准备了一辆敞篷马车。

迪顿镇呈现出一派节日的景象，到处张灯结彩，家家户户及公共场所都挂上了国旗。街上的人群熙来攘往，大家都分享着英雄回归故里的喜悦。

莱特一家四口同乘一辆马车往回走。刚一进入市镇，教堂的钟声和工厂的汽笛声齐鸣，接着是礼炮的轰鸣声，迪顿镇的居民们，无论男女老少，都唱着国歌，夹道欢迎。在掌声、歌声、喝彩声中，马车缓缓地驶过街道。莱特兄弟站在敞篷车上，面带谦逊的笑容，不时举手向乡亲们致谢。这场面使米尔顿和凯特非常激动，不住地用手帕擦着眼泪。是啊，一向被人称为疯人、怪人的莱特兄弟，如今成为人们敬仰的英雄人物，这怎不令人感慨万千呢！

迪顿镇的欢庆盛典，持续了三天之久。

地方上的名流也轮流邀宴莱特兄弟，新闻界的频频来访更使他们应接不暇，他们尽可能地谢绝一些应酬，因为他们心里正盘算着新型飞机的设计问题。

巨大的荣誉并没有使他们骄傲和自满，他们仍以平常心对待生活、工作，仍然是一身旧衣服，两手油污，心里想的是制造出更好、更先进的飞机来。

2. 奥维尔应邀携机赴德国、 意大利

莱特兄弟的飞机研制和飞行表演轰动了全世界， 他们成为全世界的名人了。

1909 年， 奥维尔接受德国和意大利的邀请， 决定赴欧洲进行飞行表演。

"奥维尔， 祝你此次表演取得好成绩！ 但你到欧洲后，要留心那里飞行事业的发展， 以便改进我们的飞机， 否则，我们可能会落后的。 要知道， 现在飞机的研制工作进展很快。" 威尔伯这样叮嘱着弟弟。

"知道了， 我一定会努力向别人的长处学习的。"

当时的德国和意大利， 正在大力发展飞行事业， 政府投入巨大的款项奖励飞机的研制和飞行试验。 尤其是德国， 自从李林达尔发明滑翔机以来， 人们都逐渐爱上了飞行事业，滑翔机的研制和飞行表演轰动一时， 后来又有齐柏林制造了飞行船。 而此时， 经过改良的飞行船飞行时间已能持续近 20个小时， 飞行距离在 200 公里以上。 在当时的德国， 政界和军界的人都认为发展有动力及螺旋桨装置的飞机， 比发展体积庞大的飞行船要切合实际得多， 制造飞机不仅比制造飞船经济， 而且飞机飞行方便、 灵活， 速度又快。 威尔伯在欧洲成功地进行了飞行表演以后， 欧洲就掀起了一股自由飞

行的浪潮。 也正是在这样的情况下， 奥维尔被邀请到欧洲去表演。 莱特兄弟也认为这是一次到欧洲观察飞行事业、 开阔眼界的好机会， 所以就接受了邀请。

1909 年 9 月底， 奥维尔携带飞机抵达德国。 由于德国政府大力奖励飞行事业， 很多年轻人都热衷于此， 所以奥维尔到达时受到了隆重而热烈的欢迎， 不仅有车队， 还有礼炮，奥维尔被深深地感动了。 他决心搞好飞行表演， 以报答热心的观众。 在欢迎仪式之后， 当场就有很多军官和气球队队员自愿报名， 要求和奥维尔同乘飞机。 稍事休息之后， 奥维尔就开始观察选择地形， 检查飞机， 进行表演前的准备工作。

10 月上旬， 奥维尔分别和几位德国军官及气球队队员同机飞行。 飞行时间不等， 有 50 分钟的， 有一个小时的，还有更长时间的。 和奥维尔同飞的人都很激动， 其中一位军官走下飞机后紧紧拉着奥维尔的手说：“太棒了！ 真是太精彩了！ 谢谢你！ 我做梦都想在天空中飞行， 今天你让我实现了这一梦想。 我会永远记住这一美妙时刻的！”

10 月中旬， 受好奇心的驱使， 当然也由于对飞行事业的关心， 德国皇太子强烈要求与奥维尔同飞。 奥维尔劝阻无效， 只得带他同飞。 半个小时后， 奥维尔要求降落时， 皇太子执意不肯。 奥维尔只得带他继续飞行。 这次他俩在空中飞行了一个小时。

10 月下旬， 奥维尔携机到达意大利。 在那里， 他专门选择上次威尔伯表演的地方进行了精彩的表演。 这使意大利的观众们大饱眼福， 他们庆幸能在同一地方看到闻名世界的莱特兄弟的先后光临表演， 并引以为荣。

11 月中旬， 奥维尔从意大利返回德国。

在这两处的飞行表演都很成功。 同时， 他也看到了哥哥威尔伯在欧洲播下的飞行的种子正在开花结果， 这使他非常快慰。

当然， 在德国、 意大利两国的所见所闻也使奥维尔感慨颇多。 在德国， 单人飞行已创造了三个小时的纪录， 飞行高度也达到 1200 米。 有一位叫路易·布莱里奥的人驾驶着飞机横越英法海峡飞行成功。 他的飞机发动机是 25 匹马力的汽油机， 机型为单叶， 在野外可以连续飞行近 100 公里。 这种飞机还可以利用车轮及弹簧的力量， 在平地滑行起飞。 奥维尔是个有心人， 他深深感到欧洲各国的飞行事业已经非常进步， 飞机的设计在某些方面已超过了他和威尔伯的水平，如不奋起直追， 努力研制新的飞机， 那就会落伍。 为此，他匆匆结束了欧洲之行， 于 1909 年 12 月初返回了美国， 立即投身于飞机的研究、 改进事业中。

3. 威尔伯在纽约上空的精彩表演

1909 年是哈得孙发现纽约 300 周年，美国要在纽约举行盛大的庆祝活动，除了美国政府派人参加外，还邀请了很多外国政界要人。在助手和众乡亲的鼓励下，已 42 岁的威尔伯决定利用这个机会，作一次精彩的表演，以唤起各国对飞行事业的重视。纽约是世界上著名的大都市，位于哈得孙河畔。河岸的港湾里停满了世界各国前来庆贺的舰船，船上挂满了五彩缤纷的旗帜，岸上摆满了各种各样的鲜花。

街道上，到处飘扬着国旗，人们都身着节日盛装，熙来攘往，一派节日气氛。

由于各大报纸都在头版头条刊登了威尔伯·莱特即将在盛大的节日庆典上进行表演的消息，9 月 9 日这天，万人空巷，都想一睹威尔伯的风采。

威尔伯虽然已届中年，但英姿飒爽，他身着飞行服，头戴便帽，足蹬皮鞋，一出现便引来了阵阵雷鸣般的掌声。在仔细检查了飞机的各个部位，确信没有问题后，他从容地坐进了飞行者号的驾驶室里。

随着引擎的发动，螺旋桨开始旋转，此时正值 10 点。在机身徐徐地向前滑行 3 米后，威尔伯拉动操纵杆，飞机立刻离开地面，向空中冲去。

飞机是从纽约市对岸的加巴那司岛上起飞的， 视野很开阔， 地面上的观众一个个都引颈翘望， 孩子们都让大人举起放在肩上。 威尔伯熟练地操纵着飞机， 一会儿冲入高空， 隐没在白云堆里， 一会儿又穿云而出， 平稳地翱翔在蔚蓝色的天空中。 观众们挥动着双手欢呼着……突然， 人们几乎同时发出了惊叫声， 因为飞机突然掉转方向， 降低速度， 向他们冲来， 当人们正不知所措时， 飞机又迅速升高， 直冲云霄。 人们回过神来， 原来是虚惊一场， 于是个个伸出大拇指， 夸奖威尔伯驾驶飞机的高超技艺。

威尔伯驾驶着飞机在自由女神像的上空绕圈飞行， 不断变换着花样。 观众发出阵阵喝彩声， 淹没了飞机的轰鸣声。 当他徐徐降落， 走下飞机时， 岛上的人们都潮水般地涌过去。 很多年轻人拿出了早已准备好的本子， 请威尔伯签字留念， 有人甚至要求威尔伯将字签到他们的衣服上、 帽子上……威尔伯一一答应了他们的请求。 最后， 应一位观众请求， 威尔伯还将自己的便帽送给他作留念。

这次表演只有短短的 40 分钟， 却非常精彩。 它不仅使纽约市的观众们激动不已， 欣喜若狂， 而且使许多外国的政界要人大饱眼福， 他们都有了发展航空事业的紧迫感。

一位花白胡子的老人满怀敬意地对威尔伯说：“这东西太奇怪了！ 你表演得太精彩了！ 谢谢你啦， 我这辈子算没白活， 死也瞑目了。”

　　还有一位中年妇女，坚持要抱着小孩到飞机驾驶位置上看一看，并对孩子说："你长大了，要学习莱特兄弟，驾着飞机到蓝天上去。"

　　飞行表演结束了，但威尔伯留给人们的美好印象却是永不磨灭的。

4．莱特兄弟对莱特飞机的研究和改良

　　奥维尔在德国和意大利作巡回飞行表演期间，细心地考察了欧洲各国的飞行事业，结论是：欧洲的飞行事业发展得非常迅速，如果不奋起直追，就会落伍。所以他迅速地结束了欧洲之行，以早点回国对莱特飞机进行研究和改良。

　　在国内的威尔伯的想法和奥维尔不谋而合，他认为：大浪淘沙，世上新人赶旧人。只有坐下来对飞机进行潜心的研究和改良，才不会被时代所抛弃。当时，美国在飞机制造方面涌现出不少后起之秀，如卡堤司等人，成为莱特兄弟不容忽视的对手。因此，在奥维尔返回美国前，威尔伯已全身心地投入飞机研究和改良上去了。

　　奥维尔回到美国后，将自己在欧洲的见闻和感受讲给哥哥威尔伯，并建议抓紧时间进行飞机的改良工作。

　　"你说得很对。我也正是这个想法。我年纪大了，不再适合飞行。这次到纽约去表演，一是由于乡亲们的鼓动，

二是你不在家，我不愿放弃这么一个宣传和提倡航空事业的好机会。今后我恐怕不能再飞了，我准备将全部精力用于飞机的设计制造和改良上面。我们真是想到一起去了。”

停了一会儿，奥维尔深感遗憾地说：“我在欧洲听说，德国、法国和意大利等国政府，都为发展航空事业提供了巨额投资，而我国政府在这方面的预算却少得可怜。”

“你不必太忧虑。”威尔伯安慰他说，“我听说，邮政部门正在考虑把飞机用于邮递事业之事，军方也有很多人在鼓吹发展航空事业。这都是必然的趋势，但需要有一个过程。我相信，航空事业在不久的将来必将得到大的发展。”

这时，兄弟俩都想起了从前的事，早就有银行家表示愿意投资航空事业，但莱特兄弟认为，他们之所以如此，是为了从中牟取暴利，他们拒绝了这一请求。此时，兄弟俩想到了创办飞机公司之事，但又觉得势单力薄，于是又想起了银行家。

“银行家或其他实业家愿意入股的话，他们只能算是股东，至于管理实权，绝对不能落在这些人手中，我们一定要维护我们的专利。”威尔伯发表了自己的看法。奥维尔也是这样想的。为了飞机，他们已耗费了半生的心血，他们是绝对不会放弃自己的权益的。

莱特兄弟把这一想法透露出去以后，很多银行家表示愿意投资，但他们要求由出资的股东和莱特兄弟共同组成董事会，处理公司的一切事务。经协商，莱特兄弟对投资的银行家作了有限的让步，同意让投资人共同参加董事会，但专利权只能属于莱特兄弟。

经过充分准备，1909 年 12 月下旬，莱特飞机公司在迪顿镇正式成立。实际上，为大力推进航空事业的发展，1908 年莱特飞机公司已在法国成立，并且在那里开办了飞行学校，招收和培训飞行人员。

由于莱特兄弟的开创性劳动，世界各国都掀起了制造飞机的热潮，技术日新月异，飞机的质量、性能不断得到改进，这些都起始于 1903 年莱特兄弟的飞行成功。1903 年之后，英国、法国等都开始了飞机的研制和试飞工作。1909 年，在法国召开了第一次世界航空会议，并举行了第一届国际飞行比赛，这标志着人类已经进入了航空时代。从此，航空工业就蓬勃地发展起来了。美国、法国、英国、意大利、俄国和德国的车辆厂及汽车制造厂，甚至连电器公司都开始制造飞机了。当然，专门制造飞机的飞机制造厂也纷纷建立。

莱特飞机公司成立后，莱特兄弟便孜孜不倦、夜以继日地投入飞机研究和设计工作中。莱特飞机公司制造出来的飞机性能好、质量高、安全可靠，不仅美国的陆军部订购他们的飞机，就是英、法、德、意等欧洲各国也远涉重洋来订购该公司的飞机，甚至要求购买制造权。世界各国的科学家、 飞行员、 飞机制造商也络绎不绝地前来讨教。 科学是没有国界的, 不论什么人来, 无论其来自哪里, 莱特兄弟都会热情地接待, 毫不保留地传授他们的经验和技术, 使慕名而来者都能来有所获, 满意而归。

十三

威尔伯的病逝使奥维尔产生了终止研制
飞机的想法，第一次世界大战则使这种想法
变成了现实。在一个寒冷的日子里，奥维尔
在自己出生的地方合上了眼睛。

1. 群雄竞技

从 1903 年 12 月 17 日第一架动力飞机飞上天空以来，飞
行事业的发展突飞猛进。 1909 年 8 月， 在法国召开的第一次
世界航空会议， 标志着人类从此进入了航空时代。

在这次世界航空会议召开期间， 还举行了第一届国际飞
行比赛。 欧洲许多选手都参加了比赛， 卡堤司代表美国参
赛。 在欧洲， 法国的飞行事业发展较快。 在比赛中， 法国
人认为只要莱特兄弟不参加， 他们就可以稳操胜券， 但法国
人万万没想到， 除了莱特兄弟美国还有高手， 卡堤司驾驶自
己制造的复翼机赢得了胜利。 这一胜利深深地刺激了法国
人， 他们暗下决心， 要加速发展， 赶超世界先进水平。

这次飞行比赛，极大地促进了飞行事业的发展，各国都掀起了研究和制造飞机的浪潮，飞机制造厂纷纷建立。美国还建立了空军，至1911年，美国已经拥有750架飞机。同年的墨西哥内战，双方各雇用了一名美国飞行员和一架飞机，在空中互相用手枪进行射击，这是世界上第一次空战。

卡堤司载誉归国后，声名大振，为发展航空事业，他在纽约设立了一所飞行学校，专门培养飞行人才。同时，莱特兄弟也在法国设立了培训学校，抓紧培养飞行人员。

此时，飞行事业已经由试验阶段进入实用阶段。在这一阶段，政府的提倡更是不遗余力，舆论界也大肆鼓吹。1910年春季，纽约的一家大报社提供两万美元奖金，以鼓励160公里长途飞行的优胜者，路线是从阿尔巴尼顺着哈得孙河直飞纽约。这个消息一经传出，轰动了整个美国，许多人都摩拳擦掌，跃跃欲试，但当看了指定的路线后，大都望而却步了。因为飞机要飞过的地区，不是断崖峭壁，就是无际的森林，气候又变化无常。卡堤司却要趁此机会大显身手，亲朋好友都劝他不必去冒险，但他主意已定，不为所动。

在1910年5月一个晴朗无风的日子里，卡堤司驾驶着他新制造的复翼机，以2小时10分的时间，飞完了全程。此事立刻轰动了美国，卡堤司声名大噪。

莱特兄弟知道这件事后非常高兴，认为美国的飞行事业已有新的进展，但追随莱特兄弟的人都很不服气，要求莱特兄弟出来露一手，挫挫卡堤司的锐气。莱特兄弟却认为，他们的年龄已不适合飞行了，现在是年轻人的时代，应该承认这一事实。同时，莱特兄弟也决定，既然卡堤司以长距离取胜，莱特飞机公司就应该在飞行的高度上做文章，创下一个新纪录，让世界再吃一惊。对此，他们满怀信心，认为只要努力，就会有收获。

功夫不负有心人，经过莱特兄弟的艰辛劳动，一架新的飞行者号飞机诞生了！

1910 年 6 月，柏金士驾驶着这架飞机终于飞到了 1350 米的高度，创造了美国飞机飞行高度的纪录。

这段时间，真是群雄竞起，你赶我追，八仙过海，各显神通。

卡堤司的学生密尔顿，驾驶飞机在费城和纽约之间作往返长途飞行，打破了卡堤司的长途飞行纪录。柏金士则驾驶着飞行者号飞机从芝加哥出发，又打破了密尔顿的远途飞行纪录。

同年 10 月，美国举行全国飞行比赛。贺塞驾驶着一架新式飞行者号飞机以 3 小时的飞行夺得第一名。同月，在法国举行第二届戈登彼那特奖竞赛，各国都踊跃参加。这次夺魁的是英国人怀特，他驾驶的是单翼喷气式飞机，这种飞机采用的是燃气轮机，时速超过 100 公里。但莱特的学生史顿，驾驶着飞行者号，以 2900 米的高度，创造了世界最新纪录。

这时，在美国掀起了一股强大的飞行热潮。莱特兄弟也对自己制造的飞机进行了各方面的改良，比如，起飞时不再依靠轨道滑行，而是采用车轮，升降舵已改设在机尾部分。史顿驾驶着多次改进的飞行者号飞机在巴尔的摩的飞行大会上进行了飞行特技表演，赢得了观众的阵阵喝彩。贺塞也驾机创造了升高 4000 米的纪录。有一位名叫哈利的先生，驾驶着莱特制造的复翼机在海上飞行 150 公里到达纽约，随即又飞经大西洋城、巴尔的摩，直抵华盛顿。莱特的另一位学生罗吉士驾驶着复翼机自纽约飞往加利福尼亚州，行程达 5000 公里以上。中间要飞越深幽的山谷、广袤的森林、无际的沙漠、湍急的河流，有时还会遇到风暴雷雨。飞越这些地方，以前从没有人敢想过，但罗吉士凭着自己顽强的意志和高超的技术，成功地飞越这些地方。此事轰动了美国，也震惊了世界。

2. 威尔伯病逝

在欧洲各国拨巨款大力进行军用飞机制造时，美国经济却处在滑坡状态，很多工厂瘫痪，实业家投资的意愿极低。美国又处大西洋的彼岸，战争的威胁不大，所以相比于欧洲， 政府没有把航空事业放在重要位置上。 这种状况使莱特兄弟忧心忡忡， 他们既担心飞机被用于战争， 作为杀人武器， 又担心政府不资助飞机的发展而影响它在和平事业上的用途。 他们希望飞机应用于邮政、 交通事业上。

在非常困难的情况下， 莱特兄弟的研制并没有停止， 他们坚信飞机在和平方面是大有用途的。

这时候， 一件令人伤感的事情发生了。

1912 年春天， 由于长期的劳累， 威尔伯病倒了。

威尔伯一病倒就高烧不退， 这可急坏了奥维尔和凯特。 请来的医生诊断为消化不良， 说是吃点药， 休息几天就会好的， 可是两天过去了， 高烧仍然不退。 奥维尔和凯特慌了手脚， 马上请来几位名医会诊， 结果是伤寒病。 这个消息使奥维尔和凯特忧心如焚， 他们知道， 这种病治愈的希望是很小的。 医生嘱咐兄妹俩： 病人必须静养， 不可乱吃东西， 否则会立刻引起肠出血或穿孔性腹膜炎。

兄妹俩想尽了一切办法给威尔伯治病， 精心照料他， 即使夜间也不离病人半步， 他们希望不惜一切代价保住哥哥的性命。 但威尔伯的高烧始终不退， 头痛、 腰痛日益严重， 身体一天天地消瘦下去……

1912 年 5 月 30 日拂晓， 这位毕生献身于飞行事业的伟大发明家， 走完了他 45 年的短暂人生， 告别了他无限眷恋的亲人和事业， 永远地闭上了眼睛。

　　威尔伯，这位人类飞行事业的开山者，以其卓越的才能和非凡的贡献而永驻人们心头。1955 年，他被选为美国伟人纪念馆中的一员，这体现了他在人们心目中的位置。

　　威尔伯逝世的噩耗传出以后，全国上下为这位航空先驱同表哀悼。

　　"哥哥！威尔伯哥哥！你这是怎么了，我们新制订的扩展计划还没开始实施，你怎么就抛开不管了呢？……"奥维尔因为护理哥哥而消瘦了很多，眼窝也塌陷下去了，他扶着威尔伯的遗体失声痛哭。

　　是啊，这对好兄弟从童年起就形影不离，无论做什么总是在一起。奥维尔回忆着他和哥哥威尔伯在一起的每一个场景，回忆着他们相依相伴的每一段征程，回忆着哥哥的一颦一笑、举手投足……想着这一切都永远成为过去，永远不再拥有，他的心像刀割一样疼痛。哥哥撒手离去，从此天人永隔。他不敢想象未来的日子，那将是多么可怕的身与心的孤苦啊！

　　此时的他只觉得，哥哥走了，带走了一切，他的眼前将是一片黑暗。

　　他很难在短期内从悲痛中解脱出来，于是产生了终止飞机研究的想法："哥哥不在了，干什么也都没有意思了。"

3. 飞机转向和平用途

威尔伯的病逝，沉重地打击了奥维尔。他难以抑制自己的痛苦，为此产生了终止飞机研究的想法。一段时间内，他闲居家中，闭门不出。

爱好、关心航空事业的人都为奥维尔担心，也为他惋惜：

"奥维尔才四十出头，正是精力充沛的时候，要是从此一蹶不振，那太可惜了！"

"是啊，他应该振作起来，多制造些好的飞机，完成哥哥的遗愿。"

人们到他家中相劝，希望他能从痛苦中尽快摆脱出来。

奥维尔整理着纷乱的思绪，他需要时间。

这段日子，奥维尔只做了一件事，那就是交涉飞机发明权一事。华盛顿史密斯航空研究所将飞机的发明权归于兰格勒。奥维尔为了安慰哥哥的在天之灵，亲自赴华盛顿交涉，但各执一词，毫无结果。一怒之下，奥维尔离开了华盛顿，在返回迪顿镇的途中，一个大胆的决定产生了。

奥维尔回到迪顿镇，立刻把当年在基蒂霍克首次载人起飞的飞机拆卸装箱，运往英国。英国南肯辛顿自然科学博物馆立刻接纳了它，并且把它装配后陈列出来。一时间参观者人山人海，人人都争着观看这架最早带人升空的飞机。"人类飞机的发明人——莱特兄弟"的定论，首先在国外确定下来。

消息传到美国国内，引起了人们极大的关注，舆论界纷纷声讨史密斯航空研究所的自私行为和错误决定。人们认为史密斯航空研究所的行为不仅不道德，而且有违科学精神，强烈要求史密斯航空研究所向奥维尔道歉。有关方面表示愿意以最显著的位置，展览这架飞机，请求奥维尔把这架飞机迅速运回国内。

谁最先发明飞机的争议，总算圆满解决。但是，飞机真正运回美国时，已经是1948年，也正是奥维尔逝世的那年。飞机运回国后，放在华府国立博物馆作永久展览。

飞机发明权被裁决时，也正是德国、奥地利两个同盟国与英国、德国、俄国三个协约国开战的时候。那就是第一次世界大战，全世界都卷进了战争的风暴之中。交战双方都希望飞机可以作为新的、重要的空中杀伤武器，他们不顾一切地研究、设计、改良飞机，增加飞机的产量。因此，飞机生产、制造飞快地发展起来。

"我决不愿意随波逐流，使用飞机去进行杀人的战争，请允许我安静地生活下去吧！"

第一次世界大战终于促使奥维尔决定停止研制飞机，奥维尔隐居家中，并谢绝来访者。随后，他又把全部股权交由别人负责，他退休了。当这一决定在董事会上宣布的时候，全体董事对于创始人放弃全部股权的声明，感到无比的惊讶。

第一次世界大战愈演愈烈。1917年，美国加入协约国，对德、奥宣战。1918年，在协约国的强大攻势下，同盟国德国和奥地利宣布投降，第一次世界大战结束。

由于飞机在侦察、摄影、投弹、同地面无线电联系等方面显示了无比的优越性，它的数量日益增加，在第一次世界大战初期，参战国的飞机总数不超过1500架，到战争末期，已经达10000架左右，投弹量共约50000吨。这次大战是有史以来规模最大的战争，也是有史以来首次将飞机作为空中攻击武器的战争。人员伤亡及财物的损失，难以准确地估计。战争的残酷和激烈，也是空前的。

战争结束后，英国、法国、德国、俄国、美国等国的军事工业纷纷倒闭。为挽救这些企业，航空事业也纷纷转向民用，美国和欧洲的许多国家都成立了运送邮件和旅客的航空公司。

莱特公司在奥维尔的建议下，迅速将航空事业转入民用，在邮政、交通、游览方面寻求发展，这正是莱特兄弟研制、发明飞机的初衷。

奥维尔认为，发展和平用途的航空事业必须注意：飞机的发动机要轻而省油，而且价格要低廉。只有这样飞机才能受到普遍欢迎， 才能推动民用航空事业的发展。 在技术上，奥维尔主张舍弃水冷式， 全力发展空冷式发动机。 空冷式发动机一问世， 就备受青睐， 装有此发动机的飞机的销路非常好。

4. 奥维尔的最后岁月

奥维尔自从退休以后， 隐居在家， 闭门不出， 过着朴实、 平凡、 宁静、 安详的生活。 这期间， 在莱特公司董事会强烈而诚恳的要求下， 奥维尔曾到过莱特公司， 以顾问的名义， 对公司提出过发展方向和技术改造方面的建议。 在第一次世界大战结束以后， 他建议莱特飞机公司应立刻把飞机生产转向民用， 因为这才是他发明创造飞机的主要动机。这段时间， 也有两件悲伤的事情发生： 一件是他非常尊敬的父亲、 牧师米尔顿的逝世， 另一件是年轻的妹妹凯特由于患肺炎也过早地离开了人世。 亲人先后离世， 奥维尔过着寂寞的日子。

奥维尔经常独自一人在郊外散步， 不时抬头仰望天空，看着飞鸟和白云， 回忆着和哥哥威尔伯一块观察鸟类飞翔的动人情景。 云、 鸟依旧， 但物是人非， 现在只有他一个人在这里散步， 奥维尔很是伤感。 他总是走到哥哥的墓前，默默站立， 似乎在和哥哥谈心， 谈美好的过去， 谈寂寞的现在。从前，白云、飞鸟、青草、树木，都能给他以创造的灵感和快乐，现在带给他的都是忧伤和思念。他像是自言自语，又像是对哥哥诉说："真没想到，在世界大战的时候，我们的发明竟然被用来作为杀人的工具。这件事，实在令我痛心疾首！我想，长眠于地下的哥哥，一定也会于心不安！"

奥维尔晚年住在故乡迪顿镇，过着淡泊的生活。他居住的房间没有华丽的陈设，但高雅、整洁，屋外鸟语蝉鸣，给人一种简朴、宁静的感觉，这种氛围正和奥维尔的性格相吻合。迪顿镇也以他为荣，推举他为荣誉公民，当然也免不了经常邀请他在各种纪念节日、集会、团体活动中发表演讲，各种酬酢也纷至沓来。奥维尔一向不喜欢交际应酬，但有关为地方服务或鼓励后进的场合，他决不推辞，对一些无谓的邀宴，他多半予以婉拒。

晚年的奥维尔还经常到和哥哥一块工作过的地方去散步，消磨时光。那里是他们兄弟俩从事飞行研究和试验的地方，保存着当年的各种机械、模型、书籍、资料等等。他也有一项重要的工作，即他希望把过去不受重视，也未曾发表的一些公式、理论一一予以汇集整理，作系统的叙述，以便能留传下来，为人类服务。

这期间，也有过一件使他非常愉快的事情，那就是1932年基蒂霍克之行。在他们首次飞行成功后第29个年头，他又<u>应邀</u>到基蒂霍克去旅行。

"基蒂霍克又发生了什么大事情？" 已经年过花甲的奥维尔， 坐在摇晃的汽车里， 这样询问来邀请他的人。

"莱特先生， 那里近来没有发生什么大事情。 不过， 那里从前确实发生过一件大事情。 这件事情， 您是不会忘记的， 因为这件事是改变了人类生活的一件大事。"

"忘记什么？"

"12 月 17 日， 它是什么日子？"

"12 月 17 日。 哦， 我想起来了， 1903 年 12 月 17 日，那是我和哥哥首次飞行成功的日子， 我是不会忘记它的。 但邀请我到那里去又是为了什么， 难道是为了让我再看一看那里， 纪念那个难忘的日子吗？"

"是啊， 就是为了纪念那个日子。 今年年初， 美国政府拨款在你们第一次试飞成功的地方建造了一个高大巍峨的纪念碑， 因为那里是美国航空的发源地， 也是世界航空的发源地。 纪念碑已经完工， 等着您在 17 日去揭幕。 所以， 我就来请您了。"

基蒂霍克是一个偏僻的小渔村， 但是， 这里却是莱特兄弟最初载人飞行成功的地方。 这里风景依旧， 从海面上吹来强劲的冷风。 奥维尔顺着邀请他的人指的方向望去， 果然看见那里耸立着一座用大理石建造的纪念碑。

这座纪念碑是纪念莱特兄弟在世界上最先飞向天空的飞行

纪念碑，是美国政府为了颂扬莱特兄弟二人而建立的。

12 月 17 日，纪念碑揭幕的这一天，这个地处海边的小渔村，车水马龙，热闹非凡。当奥维尔出现的时候，现场奏起了音乐，奥维尔接到了抱都抱不过来的花束。

"莱特兄弟所完成的卓越的贡献，在地球上，只要还有人类存在，就会永远被传颂下去。奥维尔·莱特先生，你们做得真出色！这座飞行纪念碑，正是为表彰您和您的兄长而建造的。"

许多人跑过来向奥维尔祝贺。当奥维尔拉下幕布的时候，数十架装置莱特式发动机的飞机，列队飞越上空，十分壮观，观众们也欢声雷动。奥维尔抬头仰望苍穹，非常感动。他又望着那沙滩，好像看见哥哥威尔伯微笑着从那里慢步向他走来，29 年前的情景浮现在眼前。

"啊！要是哥哥还健在，一块儿参加这个纪念会，那该多好啊！"

泪水像泉水一样从奥维尔的双眼涌了出来。

威尔伯真是一位好哥哥，吃苦的时候，和弟弟在一起，受到赞扬的时候，也和弟弟在一起。在法国被授予名誉勋章的时候，威尔伯表示，如果不同时授给弟弟奥维尔，他自己就不会接受那勋章。

基蒂霍克的村民为莱特兄弟而感到骄傲和自豪，奥维尔也愉快地接受了基蒂霍克村荣誉村民的荣誉。

1947 年，　美国最大的一家航空公司——泛美航空公司，为了表达对飞机发明人奥维尔·莱特的仰慕，　特地邀请他乘坐该公司的一架豪华客机在空中飞行游览。

奥维尔看着窗外朵朵白云，　心潮起伏，　思绪万千。　世界的变化真大，　科技的发展令人吃惊。　他到飞机驾驶室去参观，　看着大大小小几十个仪器、　指示计说："看到这么多复杂的仪器，　我有点头昏目眩，　我已赶不上时代了。　你们知道吗，　当初，　我只依靠一个风速计就大胆地在空中飞行了，你们不会觉得可笑吧？"

奥维尔总是这样谦虚、　朴实、　认真。

1947 年年底，　奥维尔虽然生活上很有规律，　但究竟是上了年纪，　抵抗力大不如前，　终于卧病在床。

1948 年 1 月 30 日，　奥维尔在 77 岁的高龄，　在他出生的地方合上了眼睛，　与世长辞了。

噩耗传来，　迪顿镇降半旗志哀。　全国的报刊也以大写标题，　报道了这一不幸消息。

奥维尔这位为航空事业奠定基础的巨星陨落了，　全世界人民都在为他哀悼。

1965 年，　奥维尔被选为美国伟人纪念馆中的一员。

人们永远不会忘记莱特兄弟！